Inhalt

100 % übersichtlich

Erleben Sie 100 % Madrid auf sechs Spaziergängen. Jedes Kapitel im 100 % Cityguide ist einem Spaziergang gewidmet. Am Kapitelende gibt es eine Karte mit der Kurzbeschreibung des Spaziergangs. Auf der Karte in der vorderen Umschlagklappe sehen Sie die sechs Kartenausschnitte im Überblick. Dort finden Sie anhand der Buchstaben Ⓐ bis Ⓩ alle Hotels sowie die Sehenswürdigkeiten und Ausgehtipps, die nicht auf einem der Spaziergänge liegen.

In den sechs Kapiteln beschreiben wir ausführlich, welche Sehenswürdigkeiten Sie auf den Spaziergängen entdecken können und wo man gut essen, trinken, shoppen, feiern und relaxen kann. Alle Adressen sind mit einer Nummer ① gekennzeichnet, die Sie im Stadtteilplan am Ende des Kapitels wiederfinden. An der Farbgebung der Nummer können Sie erkennen, zu welcher Kategorie die jeweilige Adresse gehört:

● Sehenswürdigkeiten	● Shoppen
● Essen & Trinken	● 100 % there

SECHS SPAZIERGÄNGE

Zu jedem Kapitel gehört ein Spaziergang, der – ohne Besuch der genannten Sehenswürdigkeiten – ungefähr drei Stunden dauert. Auf den einzelnen Stadtteilplänen sehen Sie den genauen Verlauf der Route und können deren Länge anhand des Maßstabs ungefähr bestimmen. Die Wegbeschreibung links neben dem Stadtplan führt Sie entlang der Sehenswürdigkeiten zu den schönsten Adressen. So entdecken Sie fast nebenbei die besten Shopping-Gelegenheiten, die nettesten Restaurants und die angesagtesten Cafés und Bars. Wer irgendwann keine Lust mehr hat, der Route zu folgen, kann aufgrund der ausführlichen Tipps und Pläne auch wunderbar auf eigene Faust Entdeckungen machen.

100% MADRID

SPAZIERGANG 1: SOL, PLAZA MAYOR & HUERTAS
Sol ist das pulsierende Herz der Stadt. Hier liegen der "Kilometer null" von Spanien sowie einige lohnenswerte Einkaufsstraßen. In den Straßen um die Plaza Mayor kann man das echte Madrid kennenlernen. Entspannung bietet das Viertel Huertas mit seinen schönen Bars.

SPAZIERGANG 2: LAVAPIÉS & LA LATINA
Lavapiés ist der multikulturelle Stadtteil Madrids. Entdecken Sie die kleinen Läden mit schönen Dingen aus aller Herren Länder. Das Museo Reina Sofía mit Werken von Picasso und Dalí ist ein Highlight dieses Spaziergangs, und in La Latina gibt es gemütliche Tapasbars.

SPAZIERGANG 3: PASEO DEL PRADO, RETIRO & BARRIO SALAMANCA
Der Paseo del Prado ist die Museumsmeile Madrids mit dem Museo del Prado und dem Museo Thyssen-Bornemisza. Östlich dieser Straße liegt der Retiro, ein großer Park, der zum Spazieren, Bootfahren oder Kunstgenießen einlädt. Salamanca ist ein schickes Viertel, wo Damen in Pelz die luxuriösen Restaurants und Geschäfte belagern.

SPAZIERGANG 4: CHUECA & MALASAÑA
Chueca ist vor allem als Schwulenviertel bekannt. Hier gibt es viele Boutiquen, Bars und Restaurants sowie den neuen überdachten Markt Mercado San Antón. Inzwischen ist Chueca jedoch zum Mainstream geworden. Die echten alternativen (Vintage-)Läden und Bars findet man im Nachbarviertel Malasaña.

SPAZIERGANG 5: CASA DE CAMPO, PLAZA DE ESPAÑA & PALACIO REAL
Im größten Park Madrids, Casa de Campo, und entlang dem Fluss Manzanares kann man spazieren gehen oder Rad fahren. Um den Palacio Real findet man nicht nur maurische Relikte, sondern auch die Pracht der Habsburger Dynastie, die Madrid zur Hauptstadt Spaniens machte. Ganz anders ist der Stadtteil Conde Duque mit den engen Gassen, kleinen Läden und schönen Restaurants.

SPAZIERGANG 6: PLAZA CASTILLA, NUEVOS MINISTERIOS & CHAMBERÍ
Der Paseo de la Castellana zieht sich wie eine Achse durch das finanzielle und geschäftliche Zentrum Madrids. Hier gibt es moderne Architektur und Wolkenkratzer sowie das Stadion Santiago Bernabeu. Ein Spaziergang durch das vornehme Wohnviertel Chamberí bietet einen guten Eindruck vom täglichen Leben in Madrid.

100 % MADRID

In Madrid gibt es so viel zu erleben – doch wo fängt man am besten an? Der Palacio Real sollte nicht fehlen, ebenso wenig die Museen Prado und Reina Sofía. Sie möchten in schönen Restaurants und auf dem Mercado San Antón essen gehen, durch den Retiro-Park und am Fluss Manzanares spazieren, in Chueca shoppen und durch die Gassen von La Latina schlendern? Und abends Tapas essen, guten spanischen Wein genießen, eine Flamencoaufführung erleben und eine der vielen Clubs und Diskotheken besuchen? Kein Problem! Der 100 % Cityguide zeigt Ihnen ganz genau, was Sie auf keinen Fall verpassen sollten. Sightseeing & Shopping, Ausgehen & Abenteuer – die übersichtlichen Stadtpläne weisen Ihnen den Weg.

AUF 6 SPAZIERGÄNGEN 100 % MADRID ERLEBEN!

PREISANGABE BEI HOTELS UND RESTAURANTS

Um Ihnen eine Vorstellung von den Preisen in den Hotels und Restaurants zu geben, finden Sie bei den Anschriften stets auch die Preise. Die Angaben für Hotels beziehen sich auf ein Doppelzimmer mit Frühstück pro Nacht, es sei denn, es ist etwas anderes angegeben. Die Angaben für die Restaurants nennen – wenn nicht anders verzeichnet – den Durchschnittspreis eines Hauptgerichts.

Gut zu wissen: In vielen Museen der Hauptstadt haben Europäer an einem Tag in der Woche oder zu bestimmten Zeiten freien Eintritt.

DER SPANISCHE LEBENSRHYTHMUS

Der spanische Tagesablauf unterscheidet sich sehr von dem der Nordeuropäer. Die Öffnungszeiten der Läden sind anders, und auch die Mahlzeiten werden zu anderen Zeiten eingenommen. Im Allgemeinen sind die Geschäfte von 10 bis 14 Uhr und dann wieder von 17 bis 21 Uhr geöffnet. In mehreren Straßen im Zentrum sind sie inzwischen auch sonntags geöffnet. In den Restaurants kann man von 13 bis 16 Uhr zu Mittag essen. Abendessen gibt es ab 20.30 Uhr. Küchenschluss ist oft gegen 24 Uhr, aber das Restaurant ist in der Regel dann noch ein bis zwei Stunden geöffnet. Sonntags sind einige Restaurants geschlossen.

Die Spanier essen oft außer Haus, was sich in der Vielzahl der Restaurants und Bars widerspiegelt. Viele Bars haben auch vormittags geöffnet, sodass man hier auf spanische Art mit *café con leche*, *cortado*, *café solo* und einem *bollo* (Croissant oder ein anderes Gebäckstück) sowie einer *tostada con tomate* frühstücken kann. Ein typisches Madrider Frühstück besteht aus Kaffee und *churros*, eine Art lang gezogene Krapfen. Mittags wird in der Regel warm gegessen, und in den meisten Restaurants gibt es günstige Mittagsmenüs. In vielen Bars bekommt man *bocadillos* (belegte Baguettes) und Tapas, auch *pinchos* genannt. Diese Zwischenmahlzeiten gibt es den ganzen Tag über, aber die echte Tapaszeit beginnt erst am frühen Abend. Später, oft nach 21 Uhr, ist Zeit für das Abendessen, was bei vielen Spaniern ebenfalls aus verschiedenen Tapas oder *raciones* (größere Portionen, die mit mehreren Personen geteilt werden) besteht.

NATIONALE FEIERTAGE

An Feiertagen sind die meisten Geschäfte sowie ein Teil der Restaurants geschlossen. Für Museen gelten an Feiertagen die sonntäglichen Öffnungszeiten. Neben den variablen Feiertagen wie Gründonnerstag, Karfreitag, Ostern, Pfingsten und Himmelfahrt gibt es in Madrid die folgenden Feiertage:

1. Januar	Neujahr
6. Januar	Dreikönigstag
19. März	Sankt Josef (*San José*)
1. Mai	Tag der Arbeit
2. Mai	Tag der Region (*Comunidad Autónoma*)
15. Mai	Festtag des Schutzpatrons (*San Isidro*)
25. Juli	Namenstag des spanischen Schutzheiligen (*Santiago*)
15. August	Mariä Himmelfahrt
12. Oktober	Spanischer Nationalfeiertag
1. November	Allerheiligen
9. November	Festtag der Schutzpatronin der Stadt (*Almudena*)
6. Dezember	Tag des Grundgesetzes
8. Dezember	Unbefleckte Empfängnis
25. Dezember	Weihnachten

Und das sind die wichtigsten Veranstaltungen in Madrid:

Arco Madrid

Kunstliebhaber kommen im Februar auf ihre Kosten, wenn diese Messe für moderne Kunst stattfindet. An dieser national und international renommierten Veranstaltung nehmen etwa 250 Galerien aus 30 verschiedenen Ländern teil.

Las Fiestas de la Paloma

Vom 11. bis 15. August wird in La Latina eines der bekanntesten Feste Madrids gefeiert. Tanzvorführungen, Konzerte und viele Imbissbuden füllen dann die Straßen des charmanten Viertels. Gekrönt wird diese Feier mit einer Prozession, bei der ein Bild der Jungfrau, *Virgen de la Paloma,* im Mittelpunkt steht. *www.fiestas-de-madrid.com*

Noche en Blanco
2002 wurde die Kulturinitiative La Noche en Blanco (die weiße Nacht) in Paris ins Leben gerufen. Dieses Kunstfestival wird nun in mehreren Städten der Welt gefeiert. Dann sind die Museen geöffnet, und auf der Straße werden Konzerte und andere Aufführungen gegeben. Es scheint, als ob ganz Madrid in dieser Nacht auf den Beinen wäre. *www.lanocheenblanco.esmadrid.com*

Los Reyes Magos
Der Dreikönigstag wird in Spanien groß gefeiert. Am 5. Januar findet ein Umzug der Dreikönige statt, der von den Nuevos Ministerios über den Paseo de la Castellana zur Plaza de Cibeles führt. Am nächsten Tag dürfen alle Kinder Geschenke auspacken. *www.fiestas-de-madrid.com*

Madrid-Marathon
Jedes Jahr im April wird der Madrid-Marathon ausgetragen. Wenn Sie selbst mal durch die Straßen von Madrid laufen möchten, können Sie sich auf der folgenden Website anmelden: *www.maratonmadrid.org*

Documenta Madrid
Bei diesem Filmfestival, das im Mai organisiert wird, dreht sich alles um Dokumentarfilme. Zehn Tage lang werden viele internationale Filme im Original mit spanischen und englischen Untertiteln gezeigt. Vielleicht ist ja auch ein deutschsprachiger Film dabei. *www.documentamadrid.com*

PhotoEspaña
Dieses internationale Festival steht ganz im Zeichen der Fotografie und der visuellen Künste und findet unter anderem in Madrid statt. Zur PhotoEspaña kann man an unterschiedlichen Orten der Stadt die schönsten Fotos spanischer und internationaler Fotografen sehen. Die Ausstellung verzeichnet jährlich etwa 500.000 Besucher.

Orgullo Gay
Die jährliche *Orgullo Gay*, die Gay-Parade, zieht am ersten Samstag im Juli durch den Stadtteil Chueca. Doch die Party beginnt schon eine Woche vor der Parade mit vielen Konzerten und anderen Veranstaltungen in Chueca. *www.orgullogay.com*

Veranos de la Villa

Auf diesem Madrider Sommerfest gibt es über hundert Shows: Musik, Tanz, Film, Theater, Oper, *zarzuela* und Zirkusshows. Die Vorstellungen finden nicht nur an verschiedenen, teils historischen Kulturstätten wie dem Kulturzentrum Conde Duque, den Sabatini-Gärten, dem Centro Cultural de la Villa und dem Teatro Español statt, sondern auch auf Plätzen und Straßen. Einige Vorstellungen sind gratis zugänglich. *www.veranosdelavilla.esmadrid.com*

Festival de Otoño

Das Festival de Otoño (Herbstfestival) im Oktober und November dauert fünf Wochen und bietet Theater-, Tanz-, Musik- und Zirkusvorstellungen. Die genauen Daten und das Programm hält die Touristeninformation bereit.

HABEN SIE NOCH TIPPS?

Wir haben diesen Reiseführer mit großer Sorgfalt zusammengestellt. Da das Angebot an Geschäften und Restaurants in Madrid jedoch regelmäßig wechselt, kann es sein, dass eine Empfehlung nicht mehr existiert. Besuchen Sie in diesem Fall oder wenn Sie andere Anmerkungen oder Fragen zu diesem 100 % Cityguide haben, unsere Webseite *www.100travel.de/madrid*. Dort können Sie mit unserer Redaktion in Kontakt treten. Auch finden Sie dort aktuelle Tipps und zusätzliche Informationen zum Thema Madrid, und Sie können sich mit anderen Madrid-Besuchern direkt austauschen.

Last but not least möchten wir noch bemerken, dass keine der vorgestellten Adressen für ihre Erwähnung bezahlt hat, weder für den Text noch für die Fotos. Alle Texte wurden von einer unabhängigen Redaktion geschrieben.

Hotels

In Madrid gibt es unendlich viele Hotels, die über die ganze Stadt verteilt sind. Das Angebot reicht vom Luxushotel bis zum einfachen Hostel. Doch es gibt zunehmend modernisierte Hostels, die Zimmer mit einer eigenen Dusche und eigenem WC haben. In den preiswerteren Jugendherbergen gibt es gemeinschaftliche Sanitäranlagen. Auf den folgenden Websites kann man ein Hotel buchen: *www.atrapalo.com, www.madridhotels.com, www.booking.com, www.gomadrid.com/hotels*. Für jede Preisklasse haben wir im Folgenden einige Vorschläge aufgelistet. Die Preise beziehen sich auf ein Doppelzimmer ohne Frühstück, sofern nicht anders angegeben. Die entsprechenden Buchstaben sind auf der Übersichtskarte vorn im 100 % Cityguide eingezeichnet.

Ⓐ Eine sehr günstige Übernachtungsmöglichkeit ist die moderne **Albergue Juvenil**, die städtische Jugendherberge, die zentral zwischen den Einkaufs- und Ausgehvierteln Chueca und Malasaña liegt. Es gibt Vier- und Sechsbettzimmer, einen Multimediaraum mit Internet und WiFi sowie einen Fitnessraum. Handtücher kosten extra.
c/ mejíca lequerica 21, www.ajmadrid.es, telefon: 91 5939688, preis: 20 €, u-bahn: alonso martínez/tribunal

Ⓑ Mitten im Zentrum und in einer Straße mit einem Touch Rotlichtmilieu liegt das kleine, gemütliche **Hotel Praktik Metropol**. Es ist alles andere als schäbig und sehr hell und modern im ländlichen, bretonischen Stil eingerichtet. Das Hotel ist in einem schönen historischen Gebäude untergebracht und bietet vom eleganten Balkon Aussicht auf die schicke Gran Vía.
c/ montera 47, www.hotelpraktikmetropol.com, telefon: 91 5212935, preis: ab 50 €, u-bahn: gran vía

Ⓒ **Hotel Atocha** gehört zur Kette Chic&Basic. Der Name ist Programm: Es ist ein schönes einfaches Designhotel mit netter Dachterrasse, auf der Loungesofas zum Relaxen einladen. Alle 36 Zimmer des Hotels haben WiFi.
c/ atocha 113, www.chicandbasic.com, telefon: 91 3692895, preis: 70 €, u-bahn: atocha/antón martín

HOTEL PRAKTIK METROPOL Ⓑ

Ⓓ Aufgrund der wachsenden Beliebtheit sind aus den anfänglichen drei Appartements inzwischen mehr als zehn geworden. Die Appartements von **Living Madrid** liegen in den schönsten Vierteln des Zentrums und sind modern eingerichtet. Sauber, aufgeräumt und mit einer Küche ausgestattet ermöglichen sie ein Frühstück im Pyjama und ein selbst gekochtes Abendessen. So kann man ein paar Tage lang als echter Madrilene im eigenen Stadtappartement leben. Ideal für Besucher mit kleinem Budget.
diverse adressen im zentrum, us.living-madrid.com, telefon: 65 9089817, preis: ab 80 €

Ⓔ Bei der Plaza de la Ópera liegt das **Hotel Roommate Mario**, ein Dreisternehotel mit 30 Zimmern im New-York-Stil. Dieses Designhotel verfügt trotz seiner minimalistischen Einrichtung über alle Annehmlichkeiten wie kostenfreies WiFi, Minibar und Föhn.

c/ campomanes 4, www.room-matehotels.com, telefon: 91 5488548, preis: 110 €, u-bahn: ópera

Ⓕ Das **Hotel Roommate Oscar** liegt mitten in Chueca an einem belebten Platz. Das geometrische Gebäude erinnert an den Bauhausstil und umfasst 75 Zimmer, teils mit Balkon. Sie sind mit Flachbild-TV mit Satellitenfernsehen, WiFi und Designermöbeln ausgestattet.
plaza vázquez de mella 12, www.room-matehotels.com, telefon: 91 7011173, preis: ab 120 €, u-bahn: chueca/gran vía

Ⓖ Das Gebäude, in dem sich das Hotel **De Las Letras** befindet, stammt aus dem Jahr 1917, und so vereint dieses Hotel einen guten Mix aus Alt und Neu. Die Zimmer haben wunderschöne Farben, und die Wände sind mit Zitaten von bekannten Schriftstellern und Dichtern beschriftet. Die moderne Dachterrasse lädt – auch Nichtgäste – zu leckeren Cocktails in der Sonne ein.
gran vía 11, www.hoteldelasletras.com, telefon: 91 5237980, preis: ab 120 €, u-bahn: sevilla

Ⓗ Das **Hotel Urban** ist ein Stadthotel und hat alles, was sich ein Jetsetter nur wünschen kann: einen Pool auf dem Dach, eine Austernbar und eine Dachterrasse, auf der sich die Schönen und Reichen Madrids treffen.
carrera de san jerónimo 34, www.derbyhotels.com, telefon: 91 7877770, preis: ab 250 €, u-bahn: puerta del sol

Ⓘ Früher hieß das **Hotel Me Madrid** noch Hotel Reina Victoria. Es war eine Legende, denn der berühmte Stierkämpfer Manolete hatte hier ein eigenes Zimmer. Das Hotel bietet mit den Level-Zimmern Luxus pur: gratis iPod, kostenlose Lokal-Telefongespräche und Bügelservice.
plaza santa ana 14, www.memadrid.com, telefon: 91 7016000, preis: 360 €, u-bahn: antón martín

Ⓙ Unter der riesigen Glaskuppel des Restaurants vom **Palace Hotel** kann man im Morgenlicht stilvoll frühstücken. Für gut Betuchte gibt es eine Royal Suite. Diese Grande Dame aus dem Jahr 1912 steht fast jedes Jahr an der Spitze der *Condé Nast Traveller Gold List*.
plaza de los cortes 7, www.westinpalacemadrid.com, telefon: 91 3608000, preis: ab 395 €, u-bahn: sevilla

Transport

Vom **Flughafen Barajas** ist das Zentrum von Madrid folgendermaßen zu erreichen: Mit dem Taxi kostet eine Fahrt ins Zentrum ungefähr 25 Euro und dauert circa 20 Minuten. Mit dem Zug braucht man ab Terminal 4 ebenfalls circa 20 Minuten ins Zentrum und bezahlt dafür nur 2,15 Euro. Die U-Bahn-Linie 8 fährt zwischen allen Terminals und der Station Nuevos Ministerios. Die Fahrt dauert ungefähr 20 Minuten und kostet 1,50 Euro plus 1 Euro Zuschlag. Es gibt verschiedene Buslinien (200, Exprés, 101, 822, 824, 827 und 828), die alle für 2 Euro ins Zentrum fahren. Tickets kann man beim Fahrer kaufen.

Taxis, deren Anzeige auf dem Dach grün leuchtet, sind noch frei und können angehalten werden. Der Startpreis beträgt 2,05 Euro. Von einem offiziellen Taxistand aus zahlt man 2,20 Euro mehr, und auch am Wochenende und nach 21 Uhr ist der Startpreis höher. Vom und zum Flughafen gilt ein Zuschlag von 5,50 Euro, und von und zu einem Bahnhof zahlt man 2,95 Euro mehr.

Mit der **U-Bahn** kommt man im Zentrum am besten voran. Eine einfache Fahrt in der Zone Zentrum heißt *sencillo* und kostet 1,50 Euro. Außerhalb dieser Zone kostet ein Ticket, ein *combinado*, 2 Euro. Fährt man öfter mit der U-Bahn, lohnt sich eine 10er-Karte für 9,30 Euro. Mit einem *abono turístico* kann man einen oder mehrere Tage unbegrenzt mit der U-Bahn und dem Bus fahren. Die U-Bahn fährt von 6 bis 2 Uhr. *www.metromadrid.es*

Madrid verfügt über ein ausgedehntes **Busnetz**. Auf dem Bus stehen die Anfangs- und Endhaltestelle der Linie. Die Strecken hängen an den Bushaltestellen aus. Solange man in der Zone Zentrum bleibt, kann man das gleiche Ticket wie für die U-Bahn benutzen. Die Busse fahren von 6 bis 23.30 Uhr. Von 23.30 bis 6 Uhr fahren **autobuses nocturnos**. Diese Nachtbusse verkehren ab der Plaza de Cibeles. Die Nachtrouten weichen von denen am Tag ab und können an jeder Bushaltestelle nachgelesen werden. Weitere Informationen zum öffentlichen Nahverkehr in Madrid finden Sie auf *www.metromadrid.es* oder *www.emtmadrid.es*.

Allen Hügeln und steilem Gefälle zum Trotz sieht man in Madrid immer mehr Radfahrer, und es werden ständig neue Radwege angelegt. Es gibt sogar einen 60 Kilometer langen Radweg, der Madrid umschließt: *el anillo verde*. Bei **BikeSpain** (*www.bikespain.info*) kann man für 17 Euro pro Tag ein **Rad** mieten und auf eigene Faust oder in Begleitung eines (Deutsch sprechenden) Reiseführers ausgiebig die Stadt erkunden.

Sol, Plaza Mayor & Huertas

Tradition, Souvenirs und Flamenco

Die Puerta del Sol, im Volksmund "Sol" genannt, ist das Herz der Stadt. Den ganzen Tag sieht man hier Menschenmassen vorbeiziehen: Shoppingfans, Geschäftsleute, Straßenkünstler und Touristen. Hier befindet sich der *Kilómetro Cero*, der Kilometer null von Spanien. Ab hier werden alle Entfernungen in Spanien gemessen, und er bildet auch den Ausgangspunkt einiger wichtiger (Fern-)Straßen. Sol ist bei den Spaniern vor allem deswegen bekannt, weil sich hier am 31. Dezember Tausende Menschen treffen, um den Jahreswechsel zu feiern. Die zwölf Glockenschläge der Casa de Correos läuten das neue Jahr ein und werden im nationalen Fernsehen ausgestrahlt. Traditionsgemäß isst man bei jedem Glockenschlag eine Weintraube.

Auch auf der Gran Vía nördlich von Sol wimmelt es nur so von Fußgängern und Fahrzeugen. Die hundert Jahre alte Avenue ist eine bunte Ansammlung von Geschäften, Bars, (prächtigen alten) Kinos, Theatern und Neonlichtern. Die Gran Vía wird auch als Broadway von Madrid bezeichnet. Die umliegenden

1

Straßen wie die Calle de los Preciados und die Calle del Carmen sind viel besuchte Einkaufsstraßen. Auf der und um die Plaza Mayor herum drängen sich die Touristen. In den Gassen und auf den kleineren Plätzen lässt sich jedoch das echte Madrid erleben, zum Beispiel in den altmodischen Kurzwarenläden in der Calle de Pontejos und in den Geschäften voller religiöser Andenken in der Calle de Bordadores. Während der traditionellen Feste wie San Isidro und La Almudena wird hier noch die Madrider Tracht getragen.

Die schmalen Gassen des schönen Viertels Huertas südlich von Sol strahlen schon fast Ruhe aus. Es gibt dort ausgefallene, immer wieder neue kleine Läden sowie alteingesessene Geschäfte. Beliebte Restaurants und Ausgehadressen für Jugendliche wechseln sich ab mit typisch spanischen Bars. Vor allem am Wochenende füllen sich die Straßen rund um die Plaza de Santa Ana mit Partygängern, die zuvor noch etwas in den vielen Restaurants und Tapasbars essen.

6 Insider-Tipps

La Puerta del Sol

Auf Spaniens Kilometer null stehen.

Mercado de San Miguel

Den Abend mit Wein und Tapas beginnen.

Medina Mayrit

Nach einem langen Stadttag im Bad relaxen

The Roof

Cocktails und die herrliche Aussicht genießen.

Plaza Mayor

Ausruhen und das Standbild von Félipe III. betrachten.

Chocolatería San Ginés

Nach dem Ausgehen *churros* essen.

- **Sehenswürdigkeiten**
- **Shoppen**
- **Essen & Trinken**
- **100 % there**

Sehenswürdigkeiten

(1) Der **Círculo de Bellas Artes** wurde Anfang des 20. Jahrhunderts von Antonio Palacios erbaut. Dieses Kulturzentrum lockt mit einer Ausstellungshalle sowie einer Dachterrasse mit einer tollen Aussicht auf Madrid. Etwas trinken kann man in der stilvollen Cafetería mit Terrasse zur Calle de Alcalá.
c/ marqués casa riera 2, www.circulobellasartes.com, telefon: 91 3605400, geöffnet: ausstellungshalle di-sa 11.00-14.00 & 17.00-21.00, so 11.00-14.00, cafetería täglich 9.00-1.00, fr-sa bis 3.00, eintritt: 1 €, u-bahn: banco de españa

(2) Das **Edificio Metrópolis** springt einem an der Kreuzung Calle de Alcalá/ Gran Vía sofort ins Auge. Das Gebäude mit den korinthischen Säulen, Frauenskulpturen und der Schieferkuppel stammt aus dem Jahr 1905. Vom Dach wacht ein Engel über die Stadt.
c/ alcalá 39, nicht öffentlich zugänglich, u-bahn: banco de españa

(6) Das **Oratorio de Caballeros de Gracia** ist ein Nationalmonument. Die Kirche im neoklassizistischen Stil wurde vom spanischen Architekten Juan de Villanueva entworfen, von dem auch der Prado stammt. Von der Gran Vía sieht man die Rückseite des Baus, die fast noch schöner ist als die Vorderseite.
c/ caballero de gracia 5, www.caballerodegracia.org, telefon: 91 5326937, geöffnet: täglich 10.00-13.45 & 17.00-20.45 (nicht während messen), eintritt: frei, u-bahn: gran vía

(7) Die **Real Academia de Bellas Artes de San Fernando** war einst ein Bankierspalast und wurde erst später zur Akademie der schönen Künste umfunktioniert. Heute ist es ein Museum mit Gemälden und Zeichnungen großer Meister wie El Greco, Goya und Rubens.
c/ alcalá 13, rabasf.insde.es, telefon: 91 5240864, geöffnet: di-sa 9.00-15.00, so 9.00-14.30, eintritt: 5 €, jeden mi frei (außer es ist ein feiertag), u-bahn: sol

(8) Die **Puerta del Sol** ist der lebhafteste Platz der Stadt. Vor der Casa de Correos, dem Gebäude mit der Uhr, liegt der Kilometer null von Spanien. Am Anfang der Calle de Alcalá steht das Symbol der Stadt: die Skulptur eines Bären am Erdbeerbaum.
plaza de la puerta del sol, u-bahn: sol

⑫ Das **Monasterio de las Descalzas Reales** ist ein Kloster aus dem 16. Jahrhundert, das von Prinzessin Juana de Austria errichtet wurde und für Frauen aus begüterten Familien bestimmt war. Hier kann man eine außergewöhnliche Sammlung religiöser Gegenstände sehen, die im Laufe der Jahre von den Familien der Nonnen zusammengetragen wurde.
plaza de las descalzas 1-3, www.patrimonionacional.es, telefon: 91 5475350, geöffnet: di-sa 10.00-14.00 & 16.00-18.30, so 10.00-15.00, eintritt: 7 €, mi & do nachmittag frei für eu-bürger (ausweiskontrolle), u-bahn: sol

⑬ Die Casa de las Alhajas ist Sitz der **Fundación Caja Madrid**. Zusammen mit dem Museum Thyssen-Bornemisza werden hier Ausstellungen moderner und zeitgenössischer Kunst organisiert, oft als Nebenprogramm zu den großen Werkschauen im Museum Thyssen.
plaza de san martín 1, www.fundacioncajamadrid.es, telefon: 90 2246810, geöffnet: di-so 10.00-20.00, eintritt: frei, u-bahn: sol

⑭ Die **Iglesia de San Ginés** stammt aus dem 14. Jahrhundert und zählt zu den ältesten Kirchen Madrids. Brände und Restaurierungsarbeiten – die letzten fanden 1870 statt – haben dem Bau arg zugesetzt. Auffällig sind der Vorgarten an der Calle Arenal und der schmale Turm mit dem spitzen Dach.
c/ arenal 13 & plazuela de san ginés, nur für messen geöffnet, u-bahn: ópera

⑲ Mitten auf der **Plaza Mayor** befindet sich das Standbild Philipps III. Um das Ansehen seines Reiches zu mehren, gab der König 1617 den Auftrag für den Bau des Platzes. Jahrhundertelang konnten von den 136 Häusern und 437 Balkons aus circa 50.000 Menschen den Stierkämpfen und Theatervorstellungen beiwohnen.
plaza mayor, u-bahn: sol

㉘ An der Plaza de Santa Ana liegt eines der wichtigsten Theater der Stadt: das **Teatro Español**. Ursprünglich stammte es aus dem Jahr 1583, doch das heutige Gebäude wurde 1802 errichtet und nach einem Brand 1975 wieder restauriert. Die kleinen Restaurants an der Südseite, darunter die Cervecería Alemana, waren früher Treffpunkt berühmter Schriftsteller.
plaza de santa ana 4, www.teatroespanol.es, telefon: 91 3601480, u-bahn: antón martín

EDIFICIO METRÓPOLIS ②

③ MERCADO DE LA REINA

Essen & Trinken

(3) Frühstücken, Tapas essen oder ausgiebig dinieren: Auf dem **Mercado de la Reina** ist alles möglich. An der großen Bar wird spanischer Wein serviert, die hohen Stehtische laden zum Tapas-Essen ein, und im Restaurant genießt man bei gedämpftem Licht zwischen den Spaniern ein herrliches Abendessen.
gran vía 12, www.mercadodelareina.es, telefon: 91 5213198, geöffnet: mo-do 9.00-0.00, fr-sa 9.00-1.00, so 10.00-0.00, preis: 16 €, u-bahn: gran vía

(15) Die älteste und bekannteste *chocolatería* der Stadt, die **Chocolatería San Ginés**, ist dafür bekannt, dass halb Madrid am frühen Morgen des 1. Januar dort auftaucht, um das erste Frühstück des neuen Jahres zu sich zu nehmen: *churros y chocolate*.
pasadizo de san ginés 5, telefon: 91 3656546, geöffnet: mo-di 17.00-7.00, mi-so 10.00-7.00, preis: 2,40 €, u-bahn: ópera

(18) Wer eine große Auswahl an belegten Brötchen, günstige Preise und eine flotte Bedienung sucht, der geht besten zur **Cervecería 100 Montaditos**. An der Bar schreibt man seinen Namen und die Nummern der Brötchen, die man essen möchte, auf einen Zettel und gibt diesen ab. Ist das Essen fertig, wird man aufgerufen.
c/ mayor 22, www.100montaditos.com, telefon: 91 2197494, geöffnet: mo-fr 9.00-0.00, sa-so 10.00-1.00, preis: 1,20 €, u-bahn: sol

(21) Am Mercado de San Miguel liegen Taberna Emma und **Emma Cocina**, zwei Familienrestaurants mit einer einfachen, zeitgemäßen Tapas-Karte. Es wäre sehr schade, wenn man sich auf dem Markt bereits mit Essen eingedeckt hätte, denn hier gibt es die beste *salmorejo* (dicke kalte Tomatensuppe aus Córdoba) von Madrid, und auch die mit Spinat und Käse gefüllten Blätterteigtaschen sind sehr lecker.
c/ plaza de san miguel 4, www.emmacocina.com, telefon: 91 3546013, geöffnet: täglich 13.00-16.30 & 20.00-0.30, preis: 12 €, u-bahn: ópera/sol

EMMA
COCINA
VINOS
TAPAS
21

3

CERVECERI
100
MONTADITOS
15

(24) Die **Capilla de la Bolsa** ist eine mittelalterliche Kapelle, der man Bande zu den Templern nachsagt und in der sich später Freimaurer trafen. Heute befindet sich im restaurierten Kuppelsaal eines der schönsten und teuersten Restaurants von Madrid, in dem man bei Livemusik tafelt.
c/ de la bolsa 12, www.lacapilladelabolsa.com, telefon: 91 5218623, geöffnet: di 20.30-23.30, mi-so 13.30-16.00 & 20.30-23.30, preis: 45 €, u-bahn: sol

(26) Mojito-, Wassermelonen- und Nutella-Eis sind nur einige der vielen herrlichen Geschmacksrichtungen, die es in der **Heladería Ricci** gibt. An warmen Tagen reicht die Schlange bis weit auf die Straße hinaus.
c/ de las huertas 9, www.heladeriaricci.com, telefon: 91 4293345, geöffnet: täglich 10.00-0.00, preis: 3,50 €, u-bahn: antón martín

(27) Die Schönen und Reichen Madrids trifft man am ehesten in der **Midnight Rose Lounge**, die neben leckeren Cocktails auch eine schöne Aussicht auf die Plaza de Santa Ana bietet. Von der dazugehörigen Penthousebar **The Roof** auf dem Dach ist der Blick sogar noch besser.
plaza de santa ana 14, www.me-by-melia.com, telefon: 91 7016020, geöffnet: lounge täglich 10.00-2.00, penthouse bar mo-sa 21.00-3.00, preis: 15 €, u-bahn: antón martín/sol

(29) Das Interieur des **Caffé dei Poeti** lässt sich am besten als klassisch-moderner Stil umschreiben. Die schwarz-weiß karierten Sessel und Holztische sind ideal, um dort zu frühstücken und sich dabei in eine (internationale) Zeitung zu vertiefen. Die verschiedenen Frühstücksgerichte tragen Namen bekannter Poeten, aber auch die Mittags- und Abendgerichte sind ein Gedicht.
c/ del prado 4, telefon: 91 3691783, geöffnet: täglich frühstück 9.00-13.00, mittag 13.00-16.00, abend 20.00-0.30, preis: 15 €, u-bahn: antón martín

(30) Tapas nach skandinavischer Art, so lautet die Devise bei **Olsen**. Nach einer Mahlzeit in dem prachtvoll eingerichteten Restaurant können Sie in der Belvedère Lounge, die an ein Iglu erinnert, relaxen. DJs tragen zum Lounge-Gefühl bei.
c/ del prado 15, www.olsenmadrid.com, telefon: 91 4293659, geöffnet: täglich 13.00-17.00 & 20.00-2.00 (küche bis 0.00), preis: 17 €, u-bahn: antón martín

(31) Der ehemalige Geschäftsführer von Delic, eine der bestbesuchten Bars von Madrid, hat jetzt eine eigene Bar im Zentrum: die **Casa Pueblo**. Hier geht es etwas ruhiger und persönlicher zu als im Delic, und es gibt die besten Cocktails der Stadt. Probieren sollte man unbedingt den Erdbeer- oder Brombeercocktail.
c/ de león 3, telefon: 91 4202038, geöffnet: mo-do 17.00-2.00, fr-so 15.00-3.30, preis: 8 €, u-bahn: antón martín

(34) Beim Traiteur **González** gibt es Wein, Käse, Fleisch- und Wurstwaren, die aus ganz Spanien stammen. Wer bei deren Anblick nun richtig Appetit bekommen hat, kann die Delikatessen vor Ort in der zum Laden gehörenden Bar genießen – am besten mit einem Glas erlesenen Weins.
c/ de león 12, telefon: 91 4295618, geöffnet: mo-sa 9.30-0.00, so 11.00-18.00, preis: ración 10 €, u-bahn: antón martín

(35) Dank der gemütlichen Atmosphäre mit galizischer Musik fühlt man sich bei **Maceiras** sofort wohl. Auf einer Staffelei steht das aktuelle Angebot an *raciones*, die typisch für die Küche der Region sind.
c/ huertas 66, telefon: 91 4295818/5291584, geöffnet: täglich 13.15-16.15 & 20.30-0.45 (di nachmittag geschlossen), preis: ración 5 €, u-bahn: antón martín

(36) **El Azul de Fúcar** ist eine kleine, aber sehr gemütliche Bar. Am schönsten sitzt man am Fenster an einem Tisch mit Blumenvasen oder auf dem Sofa unter dem Bücherregal. Auch Vegetarier werden hier satt, denn es stehen mehrere fleischlose Gerichte auf der Karte.
c/ fúcar 5, telefon: 91 4290773, geöffnet: mo-fr 10.00-1.00, sa-so 11.00-1.00, preis: menü 8 €, u-bahn: antón martín

CERVECERÍA 100 MONTADITOS ⑱

⑤ KLING

Shoppen

(4) In den Läden der Kette **Natura** gibt es viele nette Sachen, hergestellt vor allem aus natürlichen Materialien: von warmen, weichen Decken über Küchenartikel und Accessoires bis hin zu Gummistiefeln, für den Fall, dass es in Madrid einmal regnen sollte.
c/ hortaleza 12, www.naturaselection.com, telefon: 91 5322751, geöffnet: mo-sa 10.00-21.00, u-bahn: gran vía

(5) **Kling** verkauft Kleidung für jeden Geschmack. Der erste Shop dieser spanischen Kette war vor einigen Jahren nur für das Einkaufszentrum Fuencarral gedacht. Wegen des großen Erfolgs eröffneten weitere Filialen. In einem ehemaligen Sexclub in der Calle Ballesta bietet Kling Kleider und Blusen mit originellen Details an.
c/ ballesta 6, www.kling.es, telefon: 91 5225145, geöffnet: mo-sa 11.00-21.00, jeden ersten so im monat, u-bahn: gran vía

(9) Vielleicht nicht jedermanns Sache, aber interessant ist der Laden auf jeden Fall: Bei **Santería Milagrosa** findet man Zauberrezepte, Tarotkarten und Utensilien für Rituale. Zu exotisch? Es gibt hier auch Kerzen, Rosenkränze und Heiligenfiguren.
c/ san alberto 1, www.santeriamilagrosa.com, telefon: 91 5240142, geöffnet: mo-sa 10.00-21.00, so 12.00-21.00, u-bahn: sol

(10) Es begann in den 1980er-Jahren als Kulturprojekt von Francisco Javier Rahim Gildeze auf den Kanarischen Inseln: Inzwischen gibt es einen **Tierra**-Laden in New York und drei in Spanien. Sie bieten Accessoires, Kleidung und Musik, die alle etwas mit Kultur, Natur und Tradition zu tun haben. Mit etwas Glück bekommt man beim Betreten des Ladens sogar ein Blümchen geschenkt.
c/ preciados 16, http://amigosdetierra.com, telefon: 91 5216288, geöffnet: täglich 10.00-21.00, u-bahn: sol/gran vía

⑪ Ihre lange Suche nach einem witzigen Kostüm für die Faschingsfeier, einem Ballkleid oder einem echten Flamenco-Dress könnte bei **Maty** ein Ende haben. Seit Jahren gilt Maty in Madrid als der Laden für originelle Outfits schlechthin.
c/ del maestro victoria 2, www.maty.es, telefon: 91 5313291, geöffnet: mo-sa 10.00-13.45 & 16.30-20.00, u-bahn: sol

⑯ **Tea Time** beweist, dass Spanier nicht nur Kaffee trinken. Hier duftet es herrlich nach den über hundert Teesorten, die dort verkauft werden.
plazuela de san ginés 2, www.teterimundi.com, telefon: 91 3540680, geöffnet: mo-sa 11.00-21.00, erster so im monat, u-bahn: ópera

⑰ Die Kleidung und Accessoires bei **Mitropa** kommen größtenteils aus Spanien und sind in einigen wenigen Läden in Madrid erhältlich. Wer hier eine Tasche der baskischen Marke Skunkfunk oder eine Jacke der katalanischen Brand Sabbath kauft, hat mit Sicherheit etwas Einzigartiges erstanden.
c/ bordadores 3, www.mitropa-store.com, telefon: 91 5480230, geöffnet: mo-do 10.30-14.00 & 17.00-21.00, fr-sa 10.30-21.00, erster so im monat 12.00-15.00 & 17.00-20.00, u-bahn: ópera

㉓ Bei **La fabrique de Belgique** lässt einem schon der Blick ins Schaufenster das Wasser im Munde zusammenlaufen: Es gibt herrliche Süßigkeiten in allen möglichen Variationen und Farben. Man kann einfach nicht genug bekommen.
calle toledo 11, geöffnet: mo-fr 11.30-21.00, sa 11.30-0.00, so 11.30-22.00, u-bahn: tirso de molina/sol

㉝ In dem kleinen Laden **Adhoc** gibt es Entwürfe junger Designer. Von Kleidung und Accessoires bis hin zu Blumentöpfen – alles ist einzigartig.
c/ de león 11, adhoctienda.blogspot.com, telefon: 91 3637620, geöffnet: di-sa 12.00-14.30 & 17.30-20.30, so 11.00-15.00, u-bahn: antón martín

LES NOCES DE SABLE
YANN TIERSEN
Argonautas del Pacifico
Verde que te quiero
Getsemani (huerto de los olivos)
Tea Time
16

PARK YOUR
Kling
BIKE HERE!
5

5

100 % there

⑳ Ein Rundgang über den **Mercado de San Miguel** lohnt sich immer. Schon seit 1916 kaufen die Madrilenen hier Fleisch, Fisch, Gemüse und andere Lebensmittel. Das Gebäude aus Glas und Eisen war wegen einer Komplettrenovierung lange Zeit geschlossen. Nun ist alles auf Vordermann gebracht, und der moderne Stadtmensch kann sich auf dem Markt mit spanischen Spezialitäten und Weinen eindecken.
plaza de san miguel, www.mercadodesanmiguel.es, geöffnet: so-mi 10.00-0.00, do-sa 10.00-2.00, u-bahn: ópera

㉒ **Las Carbonaras** ist eine der typisch touristischen Flamencobars in Madrid. Jeden Abend kann man hier von der Bar oder einem Tisch aus eine Flamencoshow erleben. Reservieren ist empfehlenswert.
plaza del conde de miranda 1, telefon: 91 5428677, geöffnet: shows mo-do 22.30, fr-sa 20.30 & 23.00, preis: ab 25 €, inkl. aber ‌lessen ab 63,50 €, u-bahn: ópera

㉕ Im Zentrum von Madrid befindet sich ein echter Hamam, die **Medina Mayrit**. Man badet erst in drei unterschiedlich temperierten Bädern und geht dann in ein Dampfbad. Danach kann man sich herrlich bei einer Massage oder einer Aromatherapie entspannen. Wer etwas essen möchte, dem wird dabei ein orientalisches Schauspiel geboten. Eine Behandlung ist nur nach Reservierung möglich.
c/ atocha 14, www.madrid.hammamalandalus.com, telefon: 90 2333334, geöffnet: täglich 10.00-0.00, preis: ab 24 €, u-bahn: tirso de molina

㉜ Keine Lust auf lange Fußmärsche durch die Stadt? Dann empfiehlt sich eine Citytour auf einem Segway, einem elektrischen Zweirad, das man bei **Madrid Segway** Citytours buchen kann. Auf den drei verschiedenen Routen, die zur Auswahl stehen, wird man von einem Reiseführer begleitet. Umweltfreundlich und ohne Anstrengung zieht man so garantiert die Blicke auf sich.
c/ de servantes 2, www.segcity.es, telefon: 91 1274393, geöffnet: nach voranmeldung, preis: 36 € für 1½ std., u-bahn: antón martín

MERCADO DE SAN MIGUEL ⑳

Sol, Plaza Mayor & Huertas

SPAZIERGANG 1

Startpunkt ist die U-Bahn-Station Banco de España. An der Kreuzung der Gran Vía und der C/ Alcalá befindet sich das Kulturzentrum (1), an der Ecke gegenüber das Metropolis-Haus (2). Der Gran Vía bis zum Mercado de la Reina (3) folgen, um etwas zu essen. Etwas weiter rechts in die C/ Hortaleza einbiegen, um bei Natura (4) einzukaufen. Von dort aus die erste Straße links, die Einkaufsstraße Fuencarral diagonal überqueren, um links in die C/ de San Onofre einzubiegen. Hier dann die erste Straße links und die erste Straße rechts gehen. Rechts an der Ecke der nächsten Straße befindet sich ein netter Laden (5). Danach biegen Sie links in die C/ Mesonero Romanos ein, um über die Gran Vía zurückzukehren. Die C/ de Montera überqueren und in die C/ del Caballero de Gracia einbiegen, um sich (6) anzuschauen. Über C/ Virgen de los Peligros kommen Sie zur C/ Alcalá zurück, wo Sie (7) besuchen sollten. Von hier geht es weiter Richtung Puerta del Sol (8) und über die C/ de la Montera, wo (9) wartet. Biegen Sie hier links in die C/ de Salud ein und schlendern Sie durch die Einkaufsstraße und die Seitengassen (10). Schauen Sie danach bei Maty (11) vorbei und besuchen Sie das Kloster (12) und die Fundación Caja Madrid (13). Über C/ de San Martín und C/ del Arenal (14) erreichen Sie die Plazuela de San Ginés (15) (16) (17). Merken Sie sich die Chocolatería, falls Sie hier abends mal ausgehen. Leichten Appetit? Dann kehren Sie kurz bei (18) links um die Ecke ein. Danach geht es weiter Richtung Plaza Mayor (19). Den Platz verlassen Sie über den Arco de Cuchilleros. Schlendern Sie über den Mercado San Miguel (20). Wer richtig Kohldampf hat, sollte einen Halt bei Emma Cocina (21) einlegen. Biegen Sie dann links in die C/ de la Pasa ein, um zur Plaza de Conde de Barajas zu gelangen. Hier wird abends Flamenco getanzt (22). Setzen Sie Ihren Weg in Richtung "Süßwarenfabrik" (23) fort und spazieren Sie über C/ Toledo in Richtung Plaza de Santa Cruz. Schauen Sie in der C/ de la Bolsa bei (24) vorbei und buchen Sie eine Behandlung bei (25). Anschließend gönnen Sie sich ein Eis (26). Danach geht es zur Plaza de Santa Ana (27) (28) und zur C/ del Prado, um etwas zu essen und zu trinken (29) (30). Etwas weiter gibt es die besten Cocktails der Stadt (31). Mieten Sie einen Segway, um die Stadt zu erkunden (32). In C/ León können Sie shoppen (33) und Delikatessen kaufen und essen (34). Leckeres gibt es auch bei Maceiras (35) in der C/ Huertas oder – ein paar Schritte weiter – bei El Azul de Fúcar (36).

2

Hier bekommt man Wasserpfeifen aus Ägypten, Gebäck aus Pakistan und witzige Sachen aus China. Lavapiés ist mit Sicherheit nicht das schickste Viertel der Stadt, aber die Straßen mit den farbenfrohen Häusern und der originellen Architektur machen einen Spaziergang zum Vergnügen. Allerdings muss man durch den Höhenunterschied im Viertel stellenweise recht mühsame Steigungen in Kauf nehmen.

La Latina gehörte bereits im 9. Jahrhundert zu Madrid und ist somit eines der ältesten Viertel der Stadt. Das Straßenbild aus relativ großen Plätzen und engen Gassen stammt noch aus dem Mittelalter, obwohl die heutigen Häuser hauptsächlich im 19. Jahrhundert errichtet wurden. In diesem historischen Stadtteil stehen auch die beeindruckende Basílica de San Francisco El Grande und die Iglesia de San Andrés. Sonntags kommen viele Menschen hierher, um erst El Rastro und die Antiquitätengeschäfte zu besuchen und sich dann in einem der vielen Lokale und kleinen Bars mit gemütlichen Terrassen niederzulassen und Tapas zu essen.

6 Insider-Tipps

El Rastro

Den Sonntagvormittag auf dem Flohmarkt verbringen.

Reina Sofía

Werke von Picasso und Dalí betrachten.

La Casa Encendida

Eine Ausstellung oder ein Konzert besuchen.

Cava Baja

Sonntags Tapas und Cañas probieren.

Estación de Atocha

In den überdachten Gärten herumspazieren.

Delic

Kuchen essen, E-Mails lesen oder ausruhen.

Sehenswürdigkeiten
Shoppen
Essen & Trinken
100 % there

Sehenswürdigkeiten

① Die **Estación de Atocha** ist einer der größten Bahnhöfe der Stadt. Er wurde 1851 gebaut und nach der Zerstörung durch einen Brand 1892 wiederaufgebaut. Hier fahren die Hochgeschwindigkeitszüge (AVE) ab, die einen in die verschiedenen Großstädte Spaniens bringen.
plaza emperador carlos v, www.renfe.com, u-bahn: atocha renfe

② Der tropische Garten, **Jardines de Atocha**, in der großen Halle des Bahnhofs, lädt zu einem kurzen Spaziergang ein. Die Bänke sind – vor allem im Winter – ein beliebter Senioren-Treffpunkt.
estación atocha, geöffnet: täglich, eintritt: frei, u-bahn: atocha renfe

③ Am 11. März 2004 wurden in Madrid Anschläge auf mehrere Züge verübt. Insgesamt detonierten zehn Bomben. In dem Zug, der auf dem Bahnhof Atocha explodierte, gab es die meisten Opfer. Gegenüber dem Bahnhof steht ein **Denkmal für die Opfer der Madrider Bombenanschläge**: Es ist ein elf Meter hoher Glaszylinder, den man von innen und außen besichtigen kann. Vom Bahnhof aus gelangt man in einen tiefer gelegenen blauen Saal, von wo aus man von unten in das Monument hineinsehen und Notizen in diversen Sprachen lesen kann, die kurz nach dem Anschlag gesammelt wurden.
paseo de la reina cristina, estación de atocha, geöffnet: di-so 11.00-14.00 & 17.00-19.00, u-bahn: atocha renfe

④ Im **Museo Nacional Centro de Arte Reina Sofía**, kurz Reina Sofía genannt, kann man Gemälde von Miró, Tápies, Dalí und Picasso aus dem 19. und 20. Jahrhundert ansehen. Publikumsmagnet ist das bekannte Gemälde *Guernica* von Picasso. Das Gebäude wurde im 18. Jahrhundert errichtet und diente erst als Krankenhaus. Der neue Anbau, der vom französischen Stararchitekten Jean Nouvel entworfen wurde, stammt aus dem Jahr 2005.
c/ santa isabel 52, www.museoreinasofia.es, telefon: 91 4675062, geöffnet: mo-sa 10.00-21.00, so 10.00-14.30, eintritt: 6 €, mo-fr 19.00-21.00, sa 14.30-21.00, so 10.00-14.30 frei, u-bahn: atocha

29 PLAZA DE LA VILLA

(13) Die **Plaza de Lavapiés** ist das Herz des gleichnamigen Viertels. Im 15. Jahrhundert wurden Juden und Anhänger anderer Glaubensrichtungen aus dieser Gegend vertrieben. Inzwischen gilt Lavapiés wegen der vielen Zuwanderer als kultureller Schmelztiegel Madrids. Die zahllosen ausländischen Läden in den Straßen rund um den Platz sind Zeugnisse des bunten Völkergemisches.
plaza de lavapiés, u-bahn: lavapiés

(16) **La Corrala** ist ein typisches Beispiel für die Madrider Architektur des 19. Jahrhunderts. Darum wurde dieser mehrstöckige Gebäudekomplex mit den kleinen Arbeiterwohnungen und den offenen Gängen 1977 zum nationalen Baudenkmal erklärt. Die Wohnungen sind noch bewohnt und nur von außen zu besichtigen. Das Gebäude befindet sich gegenüber den Kirchenruinen.
c/ mesón de paredes 65, u-bahn: lavapiés

(18) **El Matadero**, Madrids neuestes Kultur-Highlight, ist vielleicht etwas zu weit weg, um dorthin zu Fuß gehen zu können. Mit der U-Bahn sind es von der Station Embajadores nur drei Haltestellen (Legazpi). Der einstige städtische Schlachthof, mit dessen Bau Anfang des 20. Jahrhunderts begonnen wurde, ist heute ein riesiger, erst halbfertiger Komplex. Dort werden Ausstellungen, Theateraufführungen und andere kulturelle Veranstaltungen organisiert.
paseo de la chopera 14, www.mataderomadrid.com, geöffnet: di-fr 16.00-22.00, sa-so 11.00-22.00, eintritt: frei, u-bahn: legazpi

(23) Merkmale der **Iglesia de San Isidro** sind die beiden beachtlichen Türme und die angrenzende Schule. Die Innenausstattung der Kirche wurde Mitte des 18. Jahrhunderts von Ventura Rodríguez entworfen, ein gutes Jahrhundert nach Vollendung des Gebäudes.
c/ toledo 37, telefon: 91 3692037, geöffnet: täglich 8.00-12.00 & 18.00-20.30, eintritt: frei, u-bahn: la latina

(28) An der **Basílica de San Miguel** fällt sofort die runde Fassade auf, die die Kirche optisch größer erscheinen lässt. Die Kirche wurde vom Architekten Santiago Bonavía im Barockstil mit italienischen Einflüssen gebaut.
c/ san justo 4, www.bsmiguel.es, telefon: 91 5484011, geöffnet: 14. sept.-30. juni mo-fr 9.45-13.30 & 17.30-21.00, an feiertagen 9.45-14.15, 1. juli-13. sept. mo-fr 10.15-13.15 & 18.00-21.00, an feiertagen 10.00-13.30 & 18.30-21.15, eintritt: frei, u-bahn: ópera

(29) Die drei Gebäude an der **Plaza de la Villa** vertreten drei verschiedene Baustile. Die Casa de los Lujanes wurde im Habsburger Stil gebaut und stammt aus dem 15. Jahrhundert. Die Casa de Cisneros ist ein plateresker, reich verzierter Palast aus dem 16. Jahrhundert. Und die Casa de la Villa, das Rathaus aus dem Jahr 1640, ist im Barockstil errichtet. Dies ist auch das einzige Haus, das man besichtigen kann. Informationen hierzu gibt es bei der Touristeninformation auf der Plaza Mayor.
plaza de la villa, u-bahn: ópera

(36) In der Capilla de San Isidro, die mit der Capilla del Obispo und der **Iglesia de San Andrés** eine Einheit bildet, bewahrte man erst den Leichnam des Schutzheiligen von Madrid auf, bevor er in die Kathedrale verlegt wurde.
plaza de san andrés 2, telefon: 91 3667415, geöffnet: di-fr 9.30-20.00, sa-so 10.00-14.00, eintritt: frei, u-bahn: la latina

(37) Das Fundament der **Basílica de San Francisco El Grande** stammt aus dem 13. Jahrhundert und gehörte einst zu einem Franziskanerkloster. Die Basilika wurde Ende des 18. Jahrhunderts in ihrer heutigen Form gebaut. Die enorme Kuppel mit einem Durchmesser von 33 Metern zählt zu den größten Kuppeln Europas. In dieser Basilika fanden viele berühmte Personen wie Schriftsteller und Architekten ihre letzte Ruhestätte.
plaza de san francisco, telefon: 91 3653800, geöffnet: di-so 11.00-12.30 & 17.00-19.15, eintritt: frei, u-bahn: la latina

LA CORRALA ⑯

Essen & Trinken

(7) **La Buga del Lobo** ist für seine *setas* (Pilze) bekannt. Die raffinierte Küche mit fernöstlichen, südamerikanischen und spanischen Einflüssen, das Mittagsmenü für elf Euro sowie die lockere Atmosphäre sind weitere Gründe, warum man hier mal essen gehen sollte.
c/ argumosa 11, www.labocadellobo.com, telefon: 91 4676151, geöffnet: mo-do & so 11.00-2.00, fr-sa 11.00-2.30, küche 13.30-17.00 & 21.00-0.30, preis: 12,50 €, u-bahn: lavapiés

(8) Das **Café Alma** ist frisch und modern eingerichtet und ist damit ideal für eine Verschnaufpause. Vom frühen Morgen bis in die späten Abendstunden ist man hier willkommen. Ein guter Zeitpunkt, um das hausgemachte Gebäck zu naschen, ist die *merienda* (circa 17 Uhr).
c/ de santa isabel 42, telefon: 91 5274930, geöffnet: so-do 9.00-0.00, fr-sa 9.00-2.00, preis: menú medio día 9,50 €, u-bahn: antón martín

(12) Um Paella oder ein anderes spanisches Gericht zu probieren, geht man am besten zu **Mano a Mano** im Zentrum von Lavapiés. Mittags gibt es ein Menü, was sich auch die Einheimischen ungern entgehen lassen.
c/ de lavapiés 16, telefon: 91 4687042, geöffnet: mo-sa 14.00-16.00 & 20.00-0.00, so 14.00-16.00, preis: 12 €, u-bahn: antón martín

(14) In den Straßen um die **Plaza de Lavapiés** kann man für wenig Geld Essen aus aller Welt genießen. Neben arabischen, afrikanischen und indischen Restaurants haben sich auch einige Teehäuser angesiedelt. Probieren sollte man das nigerianische Restaurant Baobab in der Calle Cabastreros.
c/ ave maría & c/ de lavapiés, u-bahn: lavapiés

(17) Das **Gaudeamus Café** liegt versteckt in einem prächtigen Universitätsgebäude. Man muss etwas suchen, aber wenn man die großen schwarzen Türen gefunden hat, nimmt man die Treppe nach oben. Auf der Dachterrasse hat man eine prächtige Aussicht auf die Corralas. Es gibt zwei Zeiten, zu denen das Abendessen serviert wird: um 20.30 Uhr und um 22.15 Uhr.
c/ tribulete 14, www.gaucafe.com, telefon: 91 5282594, geöffnet: mo-fr 11.00-0.00, sa 13.30-0.00 , preis: mittagessen 12,80 €, u-bahn: lavapiés

⑲ Im beeindruckenden, modernen Restaurant **Bugarag** begrüßen die Fische im Aquarium jeden Neuankömmling. Hier ist man genau richtig, wenn man ein spätes Abendessen oder einen guten Cocktail möchte. Bugarag ist etwas abgelegen, weshalb dieser "Club" noch ein Geheimtipp ist. In der ersten Etage kann man herrlich auf einem der Thronsessel sitzen oder sich auf den Lounge-Liegen räkeln.
ronda de toledo 5, www.bugarag.com, telefon: 91 5287880, geöffnet: täglich 12.00-2.30, sa-so bis 3.30, preis: 16 €, u-bahn: embajadores

㉞ **DELIC**

㉔ Die Calle **Cava Baja** ist für ihre Restaurants mit authentisch-spanischer Küche bekannt. In der Cava Baja Nummer 26 liegt Txakolí, wo es leckere Tapas gibt. Ein Madrider Klassiker ist die Casa Lucio in Hausnummer 36, die für ihre *huevos rotos* (Rührei mit Kartoffeln) bekannt ist. Das klingt nicht sehr spektakulär, schmeckt aber ausgezeichnet. Der Türsteher lässt erahnen, dass es hier nicht gerade preiswert ist. Gegenüber in der Taberna Los Huevos de Lucio geht es ungezwungener zu. Abends trinkt man einen Mojito in der Bar ohne Namen in der Hausnummer 5, die von den Einheimischen auch "Strand" genannt wird.
cava baja, u-bahn: la latina

(30) Die Taberna **Korgui** liegt an einer Straße mit Steigung, weshalb die urgemütliche Terrasse eine schöne Aussicht bietet. Ab 19 Uhr kann man hier etwas trinken und später am Abend Gerichte aus der Fusionsküche genießen. Noch später werden herrliche Cocktails serviert.
c/ rollo 8, www.korgui.es, telefon: 91 5471005, geöffnet: di-do 19.30-1.30, fr 19.30-2.30, sa 14.30-2.30, so 14.30-0.30, preis: 13 €, u-bahn: la latina

(32) Das **Naia Bistro** hat eine einladende Terrasse, aber drinnen ist es genauso schön. Die ansprechenden Farben sowie die Holztische und -stühle verleihen dem Restaurant eine wohnliche Atmosphäre.
plaza de la paja 3, www.naiarestaurante.com, telefon: 91 3662783, geöffnet: mittagessen di-fr 13.30-16.30, sa-so 13.30-17.30, abendessen di-do & so 20.30-23.30, fr-sa 20.30-0.30, preis: 17 €, u-bahn: la latina

(33) Der **Junk Club** ist wahrscheinlich Madrids "geheimstes" Restaurant. Offiziell existiert es nämlich nicht, denn es ist im Keller des Restaurants La Musa versteckt, das man erst durchqueren muss. Zwischen schönen Vintage-Möbeln isst man leckere Häppchen wie Maiskolben mit Bechamelsoße und frittierten Mars-Riegel zum Dessert. Reservieren empfohlen.
constanilla san andrés 12, www.grupolamusa.com, telefon: 67 1541822, geöffnet: mi-sa 21.00-2.00, so 14.00-20.00, preis: 12 €, u-bahn: la latina

(34) Bei **Delic** ist man zu jeder Tageszeit gut aufgehoben. Zum Frühstück gibt es *tostada con tomate*, später am Tag dann hausgemachten Möhrenkuchen. Und abends verwandelt sich das Delic in eine Bar, in der vor allem die Mojitos in großen Mengen über die Theke gehen. In derselben Straße wurde sogar ein gleichnamiger Laden eröffnet.
constanilla de san andrés 14, www.delic.es, telefon: 91 3645450, geöffnet: mo 19.00-2.00, di-so 11.00-2.00, preis: 8 €, u-bahn: la latina

(35) Im vegetarischen Restaurant **Viva la Vida** ist der Name Programm: Schmetterlinge sowie rosa und lila Farbtöne dominieren die Einrichtung. Am Buffet holt man sich die herrlichsten Gerichte und Desserts. Der Preis richtet sich danach, wie viel man sich auf den Teller lädt.
costanilla san andrés 16, www.vivalavida.com.es, telefon: 91 3663349 , geöffnet: mo-mi 12.00-0.00, do-so 11.00-2.00, preis: 2 €/100 g, u-bahn: la latina

Shoppen

(5) "Vergessene Kleidungsstücke" und etwas "neuere" Klamotten aus den 1960er- und 1970er-Jahren hängen bei **Pepita is dead** an den Stangen. Pepita hat sich seit der Eröffnung 1991 auch international einen Namen gemacht.
c/ doctor fourquet 10, www.pepitaisdead.es, telefon: 91 5288788, geöffnet: mo-sa 11.00-14.30 & 17.00-20.30, u-bahn: atocha

(6) Geschmack und Duft: Darum dreht sich alles bei **Herbata**, einem Laden, in dem einem gleich eine Tasse Tee angeboten wird. *Herbata* bedeutet nämlich Tee auf Polnisch. Neben Tee gibt es auch Kekse, Schokolade, Seifen, Kerzen, Räucherstäbchen und Naturkosmetik.
c/ de la sombrería 24, www.saboresyaromas.com, telefon: 91 5277952, geöffnet: mo-sa 10.00-14.00 & 17.00-20.30, u-bahn: atocha/lavapiés

(21) **El Laberinto** existiert schon seit über 30 Jahren in diesem Viertel mit den vielen Antiquitätenläden. Film- und Fernsehproduzenten kaufen hier seltene Requisiten: Holzschränkchen, originelle Lampen und Nachbildungen von Disney- und Hollywoodfiguren.
c/ mira el río baja 9, telefon: 91 5304238, geöffnet: mo-fr 10.30-14.00 & 17.30-20.00, sa-so 10.30-14.00, u-bahn: puerta de toledo/la latina

(22) Der Vintageladen **Remember** liegt etwas versteckt an der Plaza de Cascorros. Vor einigen Jahren beschloss ein spanisches Paar, einen eigenen Laden zu eröffnen. Die selbst entworfenen Kleidungsstücke, deren Stoffe aus Spanien stammen, sind eine schöne Abwechslung zu dem Trödel, den man auf dem Flohmarkt El Rastro findet.
c/ de las amazonas 6, www.remembermadrid.com, telefon: 91 5312073, geöffnet: mo-fr 12.00-15.00 & 16.00-21.00, sa 12.00-15.00, so 10.00-16.00, u-bahn: la latina

(25) Wer eine Handtasche von **Del Hierro** trägt, wird sie nicht so schnell ein zweites Mal sehen. Die Taschenkollektion ist vom menorquinischen Designer Iñaki Sampedro entworfen, handgefertigt und handbemalt.
cava baja 6, telefon: 91 3645891, geöffnet: mo-sa 11.00-14.00 & 17.00-21.00, so 12.00-15.00, u-bahn: la latina

DE PIEDRA ㉗

(26) Die Madrider Designerin **Helena Rohner** stellt eleganten und schlichten Schmuck für Damen, Herren und Kinder her. Dafür verwendet sie ausgefallene Materialien wie Porzellan und Holz. Sie hat auch eine kleine Kollektion von Gebrauchsgegenständen wie Lampen, Teekannen und Vasen.
c/ almendro 4, www.helenarohner.com.es, telefon: 91 3657905, geöffnet: mo-fr 9.00-20.30, sa 12.00-14.30 & 15.30-20.00, so 12.00-15.00, u-bahn: la latina

(27) Die Tür verrät es schon: Bei **De Piedra** ist alles aus Stein. Es gibt viel Schmuck mit bunten Steinen aus aller Welt. Fotorahmen und Spiegel werden vom Eigentümer selbst hergestellt und mit großem Erfolg verkauft. Designer, Architekten und Schauspieler zählen hier zu den Kunden.
c/ almendro 10, www.depiedracreaciones.com, telefon: 91 3659620, geöffnet: mo-fr 11.00-14.00 & 17.00-20.30, sa 11.00-19.00, so 12.00-16.00, u-bahn: la latina

(31) Exotische Gegenstände aus Nordafrika findet man bei **Berbería**. Zwischen den Gewändern, Lampen und antiken Möbeln "hängt" eine angenehme, orientalische Atmosphäre.
c/ redondilla 8, www.berberia.es, telefon: 91 3540176, geöffnet: di-sa 11.00-14.00 & 17.00-20.30, u-bahn: la latina

chai
tokyo
6

Jabón de Naranja
Glicerina, aceite de oliva virgen,
aceite de rosa mosqueta
y aceite esencial de naranja

helena rohner
26

5

100 % there

(9) Neben der Filmoteca liegt der **Mercado Antón Martín**. Dieser Volksmarkt ist vielleicht nicht so schön wie der Mercado San Miguel oder so edel wie der Mercado La Paz, er repräsentiert aber sehr gut das Viertel, wodurch er der authentischste der Märkte ist.
c/ santa isabel 5, geöffnet: mo-fr 9.00-14.00 & 17.00-20.00, sa 9.00-14.00, u-bahn: antón martín

(10) In der **Filmoteca** werden originelle, alte und alternative Filme gezeigt. Das Gebäude wurde in den 30er-Jahren des letzten Jahrhunderts gebaut und beherbergt außerdem noch ein Restaurant mit Bar sowie eine Bibliothek. Das Programm findet man unter anderem in dem Veranstaltungsmagazin *Guía del Ocio*, das an jedem Kiosk erhältlich ist.
c/ santa isabel 3, www.mcu.es/cine/MC/FE/CineDore/index.html, telefon: 91 3692118, geöffnet: di-so 16.00-0.00, preis: 2,50 €, u-bahn: antón martín

(11) Wem der Sinn nach einem Kulturabend steht, der findet in dem kleinen Café **La Escalera de Jacob** eine Art Grotte, die zu einem Theatersaal umgebaut wurde. Hier werden die verschiedensten Aufführungen rund um Tanz, Gesang und Theater angeboten. Das Programm steht auf der Website www.laescaleradejacob.es unter "Espectáculos".
c/ de lavapiés 11, www.laescaleradejacob.es, telefon: 91 5391044, geöffnet: mi-sa 19.00-3.30, so 12.00-0.00, preis: vorstellung ab 5 €, u-bahn: tirso de molina

(15) In der **Casa Encendida** ist immer etwas los, denn dieses Kulturzentrum ist wirklich einmalig. Neben Ausstellungen junger Madrider Künstler gibt es dort auch einen Eine-Welt-Laden. Außerdem werden viele Veranstaltungen organisiert: samstag- und sonntagvormittags Kinderprogramme und abends Filme in Originalversion. Es gibt eine tolle Dachterrasse mit botanischem Minigarten und schöner Aussicht auf Madrid.
ronda valencia 2, telefon: 90 2430322, geöffnet: täglich 10.00-22.00, preis: aktivitäten 2 €, austtellungen frei, u-bahn: embajadores

EL RASTRO ⑳

⑳ Wie wäre es, sonntags mal nicht auszuschlafen, sondern durch das Gewimmel des Flohmarkts **El Rastro** zu streunen? Es gibt für jeden etwas, ob man nun auf der Suche nach Kleidung, Antiquitäten, Schmuck oder Taschen ist. Entlang der Hauptachse gibt es vor allem Kleidung, die echten Schätze finden sich jedoch in den kleinen Seitenstraßen oder Antiquitätenläden. Für die Madrilenen geht dieser Besuch am Sonntagvormittag nicht ohne *cañas y tapas* (Bier und Tapas) ab.

ribera de curtidores, geöffnet: so & feiertage 9.00-14.00, u-bahn: la latina

Lavapiés & La Latina

SPAZIERGANG 2

Laufen Sie los beim U-Bahnhof Atocha Renfe und folgen Sie den Schildern "Renfe" und "Puerta de Atocha". Die Bahnhofshalle (1) ist exotisch bepflanzt (2). Der Durchgang zum Denkmal der Madrider Bombenanschläge (3) ist etwas schwer zu finden. Den Bahnhof in Richtung Reina Sofía (4) verlassen, um bei (5) Retrokleidung zu kaufen oder bei Herbata (6) herumzustöbern. Wer ein frühes Mittagessen bevorzugt, lässt sich bei (7) nieder. Danach rechts in die C/ de Salitre einbiegen. Nach der Klettertour kann man im Café (8) verschnaufen. Gehen Sie links in die C/ de Santa, um über den Markt (9) zu schlendern oder einen Film anzuschauen (10). Via C/ del Olmo und C/ del Calvario erreichen Sie C/ de Lavapiés. Hier können Sie bei (11) einer Vorstellung beiwohnen und danach bei (12) Paella essen. Weiter geht es hinunter bis zur multikulturellen Plaza de Lavapiés (13) (14). Geradeaus am Ende der C/ de Valencia befindet sich ein Kulturzentrum (15). Danach geht es rechts in die C/ Sombrerete, an deren Ende das Denkmal (16) ist, auf das man von der Dachterrasse des Uni-Cafés (17) blickt. Die C/ de Embajadores bis zum Ende gehen und am Platz in die U-Bahn in Richtung El Matadero (18) steigen. Über die Ronda de Toledo erreichen Sie Bugarag (19). Hier können Sie einen Tisch für den Abend reservieren. Dann rechts in die Straße abbiegen, in der sonntags am Vormittag ein Flohmarkt (20) stattfindet. In der Gegend dahinter gibt es viele Antikläden. Kuriositäten findet man bei (21) und etwas weiter, an der Plaza de Cascorro, ausgefallene Kleidung (22). Weiter geht es dann über die C/ de los Estudios an der Kirche (23) vorbei in Richtung Cava Baja (24). Hier können Sie eine Tasche kaufen (25), oder shoppen Sie anschließend in der C/ Almendro (26) (27). Ein paar Schritte weiter in der C/ del Sacramento befindet sich die schöne Kirche (28) und etwas dahinter die Plaza de la Villa (29). Gehen Sie zurück und biegen Sie in die C/ del Rollo ein. Bei den Treppen finden Sie Korgui (30). Die Straße in Richtung Plaza de la Paja überqueren. In die C/ Redondilla abbiegen, um Exotisches zu kaufen (31). Zurück zur Plaza de la Paja gehen und in die Costanilla de San Andrés einbiegen, um an der Plaza de la Paja zu essen (32) oder einen Tisch zu reservieren (33). Ein paar Meter weiter gibt es weitere gute Esslokale (34) (35). Besuchen Sie danach die Kirche (36) und, am Ende der Carrera de San Francisco, die Basilika (37).

3

Die Straßen nördlich des Parks gehören zum schicken Viertel Salamanca und sind etwas eleganter als in anderen Stadtteilen. Hier ist Luxusshopping angesagt, denn es gibt viele Geschäfte mit exklusiven (und meist teuren) Sachen, obwohl sich auch die größeren Ladenketten niedergelassen haben. Die Restaurants haben in der Regel etwas mehr Klasse und sind recht elegant. Dementsprechend bezahlt man etwas mehr, was man auch am Publikum sehen kann. Aber das tut der Gemütlichkeit keinen Abbruch, und vielleicht begegnet man dem einen oder anderen (spanischen) Promi, denn hier heißt es sehen und gesehen werden. Dennoch findet man auch hier noch verborgene Ecken, in denen die Zeit stillzustehen scheint.

6 Insider-Tipps

Museo del Prado

Sich stundenlang in Kunstwerke vertiefen.

Caixaforum Madrid

Eine interessante Ausstellung besuchen.

Teatriz

In einem ehemaligen Theater zu Abend essen.

Plaza de Cibeles

Den schönen Platz bei Nacht besuchen.

El Retiro

Ein Boot mieten und über den See fahren.

Pepita Pérez

Diesen bunten Laden mit vollen Tüten verlassen.

- **Sehenswürdigkeiten**
- **Shoppen**
- **Essen & Trinken**
- **100 % there**

Sehenswürdigkeiten

① Die Calle de Alcalá ist die ehemalige Straße nach Alcalá de Henares, einer alten Universitätsstadt, ungefähr 30 Kilometer von Madrid entfernt. Auf der Plaza de la Independencia steht die **Puerta de Alcalá**, das frühere Stadttor. Dieses Bauwerk mit fünf Torbögen wurde von Francisco Sabatini entworfen und zählt zu den bekanntesten Sehenswürdigkeiten Madrids.
plaza de la independencia, u-bahn: retiro

⑤ Lange Zeit war der **Palacio de Linares** der Öffentlichkeit nicht zugänglich, und mysteriöse Geschichten machten die Runde: Es soll dort spuken. Der Palast wurde 1873 von dem Architekten Colubi gebaut und war Wohnhaus des Marquis von Linares. Heute ist das Gebäude als Casa de América bekannt und dient als südamerikanisches Kulturzentrum, in dem wechselnde Ausstellungen gezeigt werden.
paseo recoletos 2, www.casamerica.es, telefon: 91 5954800, geöffnet: di-sa 11.00-14.00 & 17.00-20.00, so 11.00-14.00, eintritt: frei, u-bahn: banco de españa

⑥ Auf der **Plaza de Cibeles** steht das Standbild eines von Löwen gezogenen Wagens, auf dem Kybele sitzt, die Göttin der Fruchtbarkeit. Mit dem beeindruckenden Palacio de Cibeles, der Banco de España und dem viel befahrenen Kreisverkehr ist dieser Platz ein markanter Punkt der Stadt und auch der Ort, an dem wichtige Siege des Fußballvereins Real Madrid gefeiert werden. Am schönsten ist der Platz am Abend, wenn die Gebäude beleuchtet sind.
plaza de cibeles, u-bahn: banco de españa

⑦ Der **Palacio de Cibeles**, ehemals Palacio de Communicaciones und Hauptsitz der spanischen Post, ist eines der auffälligsten Gebäude des Platzes. Das Gebäude ist über 100 Jahre alt und nach sechs Jahren Renovierung nun endlich wieder als Touristenattraktion zugänglich. Es beherbergt das Museo Postal y Telegráfico sowie verschiedene Ausstellungen. Vom Aussichtspunkt auf dem Dach hat man einen beeindruckenden Blick auf den Retiro-Park. Auf der sechsten Etage gibt es seit Ende 2011 ein Restaurant.
plaza de cibeles, telefon: 91 5231454, geöffnet: museum di-mi 10.00-20.00, restaurant täglich 13.30-16.30 & 20.00-0.00, eintritt: museum frei, u-bahn: banco de españa

(8) Das **Museo de Artes Decorativas** ist eines der wenigen Museen, die Kunsthandwerk zeigen. Hier sind Möbel, Keramik, Textil und (Wand-)Teppiche aus dem 15. bis 20. Jahrhundert ausgestellt. Es gibt sogar eine Küche, die aus einem valencianischen Palast aus dem 18. Jahrhundert stammt.
c/ de montalbán 12, http://mnartesdecorativas.mcu.es, telefon: 91 5326499, geöffnet: di-mi & fr-sa 9.30-15.00, do 17.00-20.00, so 10.00-15.00, eintritt: 3 €, do nachmittag frei , u-bahn: retiro

(9) Das Prunkstück des **Museo Naval** ist die allererste Landkarte Amerikas. Neben Objekten aus der Zeit der Entdeckung Amerikas gibt es alles Mögliche zu sehen, was mit Seefahrt zu tun hat, darunter auch verschiedene Schiffsmodelle. Ohne Personalausweis kommt man in das Museum nicht hinein.
paseo del prado 5, www.armada.mde.es, telefon: 91 3795299, geöffnet: di-so 10.00-19.00, aug. geschlossen , eintritt: frei, u-bahn: banco de españa

(10) Die **Plaza de Cánovas del Castillo** wird auch Plaza de Neptuno genannt. Im Brunnen steht nämlich eine Statue des Meeresgottes Neptun, im 18. Jahrhundert von Juan Pascal de Mena entworfen. Auf diesem Platz werden die Siege des Fußballvereins Atlético Madrid gefeiert.
plaza de cánovas del castillo, u-bahn: banco de españa

(11) Ursprünglich gehörten die Kunstwerke des **Museo Thyssen-Bornemisza** zur Privatsammlung der gleichnamigen spanisch-ungarischen Familie. Seit 1993 sind sie im Palacio de Villahermosa, einem Bau aus dem 18. Jahrhundert, ausgestellt. Das Besondere an dieser Sammlung ist, dass sie verschiedene Kunstströmungen zeigt. Am besten beginnt man den Rundgang in der dritten Etage und schaut sich die Bilder in chronologischer Reihenfolge an.
paseo del prado 8, www.museothyssen.org, telefon: 91 3690151, geöffnet: di-so 10.00-19.00, eintritt: 8 €, u-bahn: banco de españa

⑬ Um alle Exponate des **Museo del Prado** anzuschauen, benötigt man mehrere Tage, denn es gibt dort ungefähr 6000 Gemälde und Skulpturen. Die Sammlung besteht größtenteils aus italienischen, flämischen und spanischen Werken, darunter *Las Meninas* von Velázquez, das man einfach gesehen haben muss. Aber auch die großen Meister wie Goya, El Greco, Rubens und Rembrandt sind vertreten. Im Erdgeschoss ist eine Sammlung griechisch-römischer Skulpturen ausgestellt.
c/ ruiz de alcorcón 23, www.museoprado.es, telefon: 91 3302900, geöffnet: di-so 9.00-20.00, eintritt: 12 €, di-sa 18.00-20.00 & so 17.00-20.00 frei, u-bahn: banco de españa

㉞ BIBLIOTECA NACIONAL

⑰ Der **Palacio de Cristal** bietet mit dem See, dem Springbrunnen und dem Wasserfall einen außerordentlich hübschen Anblick. Der Pavillon ist eine Konstruktion aus Glas und Eisen mit einem klassischen Eingang, gesäumt von ionischen Säulen. Der Palacio de Cristal ist eine Zweigstelle des Museo Reina Sofía und bietet Raum für wechselnde Ausstellungen sowie moderne Kunst-Installationen.
parque del buen retiro, telefon: 91 5746614, geöffnet: okt.-apr. mo & mi-sa 10.00-18.00, so 10.00-16.00, mai-sept. mo & mi-sa 11.00-20.00, so 11.00-18.00, eintritt: frei, u-bahn: ibiza

㉝ Das **Museo Arqueológico Nacional** zeigt eine sehr große Sammlung archäologischer Objekte – von der Frühgeschichte bis ins 19. Jahrhundert. Eigentlich reicht ein einmaliger Besuch nicht aus, um alles zu sehen.
c/ serrano 13, http://man.mcu.es, telefon: 91 5777912, geöffnet: di-sa 9.30-20.30, so 9.30-15.00, eintritt: frei, u-bahn: serrano

㉞ Die Respekt einflößende Treppe, die zum Eingang der **Biblioteca Nacional** führt, kann einem nicht entgehen, wenn man den Paseo de Recoletos entlangläuft. In dieser Bibliothek, in der die Regale mit bedeutenden Werken der spanischen Literatur gefüllt sind, können echte Bücherfans auch das Museo del Libro besuchen.
paseo de recoletos 20, www.bne.es, telefon: 91 580 78 00, geöffnet: di-sa 10.00-21.00, so 10.00-14.00, eintritt: frei, u-bahn: colón

㉟ Die **Plaza de Colón** trägt den spanischen Namen von Kolumbus, Cristóbal Colón. Das ihm gewidmete Denkmal ist eine Statue im neugotischen Stil aus dem Jahr 1885. Hinter dem Park Jardines de Descubrimiento stehen drei Betonblocks, welche die drei Schiffe symbolisieren, mit denen der Entdecker nach Amerika fuhr. Hinter einem Wasserfall befindet sich das Centro Cultural de la Villa. Ansehen sollte man sich auch die zwei Torres de Colón, die 1976 gebaut wurden.
plaza de colón, u-bahn: colón

Essen & Trinken

② Wer gut frühstücken und dabei die Aussicht auf die Puerta de Alcalá genießen möchte, ist bei **Harina** genau richtig. Das helle, gemütliche Lokal ist eine Mischung aus Cafeteria und Bäckerei. Man kann dort auch Brot und Gebäck kaufen und dann in dem nahe gelegenen Park ein Picknick machen. Mittags stehen belegte Brötchen und *raciones* auf der Karte.
plaza de la independencia 10, www.harinamadrid.com, telefon: 91 5228785, geöffnet: täglich 9.00-20.00, preis: frühstück 4 €, u-bahn: retiro

③ **Ramses** besteht aus einer Bar, einem *petit restaurant*, einem Bistro und einem Club. Die Einrichtung stammt aus der Hand des bekannten Designers Philippe Starck. Ramses hat sich zu einem Ort gemausert, an dem sich die Schickeria von Madrid trifft. Es ist darum auch besser, einen Tisch weit im Voraus zu reservieren. Sollte das nicht gelingen, empfiehlt es sich, einen Cocktail an der Bar zu trinken, wenn man Stars und Sternchen sehen möchte.
plaza independencia 4, www.ramseslife.com, telefon: 91 4351666, geöffnet: cocktailbar mo-do 12.00-0.30, fr-so 12.00-3.30, bistro di-sa 13.30-15.30 & 21.00-0.00, preis: ab 18 €, u-bahn: retiro

⑫ Die Hotelbar **Tapas en Estado Puro** wird zwar von Touristen bevölkert, ist aber die richtige Adresse, um zwischen all den Museumsbesuchen etwas zu trinken und Tapas zu essen. Die typisch spanische Dekoration mit traditionellen *peinetas* (Haarkämmen) bildet das passende Ambiente für köstliche Tapas.
plaza de cánovas del castillo 4, www.tapasenestadopuro.com, telefon: 91 3302400, geöffnet: täglich 11.00-1.00, so am abend geschlossen, preis: 10 €, u-bahn: banco de españa

㉔ **Pan de Lujo** ist eines der modernen und eleganten Restaurants dieses Viertels. Man kann es dort sehr gut aushalten, was hauptsächlich an der Beleuchtung liegt. Diese kommt aus dem Fußboden und wechselt ständig die Farbe – eine Art Lichtshow. Auch das Essen ist gut: Es stehen Gerichte der modernen spanischen Küche auf der Karte.
c/ jorge juan 20, www.pandelujo.es, telefon: 91 4361100, geöffnet: so-do 13.30-16.00 & 21.00-0.00, fr-sa 13.30-16.00 & 21.00-1.00, preis: 18 €, u-bahn: serrano/velázquez

2

2

37

BAR
TOMATE
37

㉕ **Sula** ist Tapaslokal, Restaurant und Champagnerbar in einem. Hier gibt es leckere Häppchen und ein täglich wechselndes Schmorgericht. Für exklusiven Champagner mit einem guten Stück Schinken ist man hier ebenfalls richtig.
c/ jorge juan 33, www.sula.es, telefon: 91 7816196, geöffnet: bar mo-sa 12.00-0.00, restaurant mo-sa 13.30-16.00 & 20.30-0.00, preis: 20 €, u-bahn: velázquez

㉘ Wer Tapas essen möchte und etwas Wartezeit in Kauf nimmt, der sollte bei **Lateral** vorbeischauen. Erst etwas an der Bar trinken und dann an einem gemütlichen kleinen Tisch viele Häppchen probieren. Tipp: das *solomillo con cebolla confitada* (Steak mit karamellisierter Zwiebel).
c/ velázquez 57, www.cadenalateral.com, telefon: 91 4350604, geöffnet: so-mi 12.00-1.00, do-sa 12.00-2.00, preis: 6 €, u-bahn: velázquez

㉛ **Jurucha** ist eine kleine Bar gegenüber dem Mercado de La Paz, in der die Marktleute und -besucher etwas im Stehen zu sich nehmen. Ein einfaches Lokal, aber mit einer Empfehlung im Michelin-Führer.
c/ de ayala 19, www.jurucha.es, telefon: 91 5750098, geöffnet: mo-sa 8.00-23.00, preis: vier pinchos und 1 drink etwa 10 €, u-bahn: serrano

㉜ **Teatriz** ist ein ehemaliges Theater, dem Philippe Starck neues Leben eingehaucht hat: Man durchquert die Tapasbar und gelangt in zwei tolle Restaurants und eine beeindruckende Cocktailbar, wo man die Theateratmosphäre noch spüren kann. Im ersten Restaurant gibt es spanische Gerichte und Fusionsküche, das Restaurant Kirei dagegen serviert japanische Spezialitäten. Probieren sollte man das *nigiri steak tartar* oder das *huevo codorni.*
c/ hermosilla 15, www.teatriz.com, telefon: 91 5775379, geöffnet: bar so-do 11.30-1.00, fr-sa 11.30-2.00, restaurant täglich 13.30-16.00 & 21.00-0.30, preis: 20 €, u-bahn: serrano

㊱ Wir haben wohl alle schon einmal mexikanisch oder argentinisch gegessen, aber peruanisch? Bei **Astrid & Gastón** gibt es Haute Cuisine aus Peru. Ihre Spezialität sind die *ceviches*, roher marinierter Fisch, aber am besten lässt man sich überraschen. Nicht gerade billig, doch das Essen ist es wert.
paseo de la castellana 13, www.astridygastonmadrid.com, telefon: 91 7026262, geöffnet: mo-sa 13.30-15.30 & 20.30-23.30, preis: menü 48 €, u-bahn: colón

BAR TOMATE (37)

(37) *Siempre de moda* (immer angesagt) sind die Bars von Tragaluz, die vor allem in Barcelona zu finden sind. Seit Kurzem gibt es auch eine in Madrid: die **Bar Tomate**. Eine Tragaluz läuft immer gut. Und das nicht ohne Grund, denn hier stimmt einfach alles. Man kann rund um die Uhr etwas essen, die Einrichtung ist modern und die Menschen sind schön. Spätabends gibt es Cocktails und Musik vom DJ. Man sollte weit im Voraus reservieren.
c/ fernando el santo 26, www.grupotragaluz.com/rest-tomate.php, telefon: 91 7023870, geöffnet: täglich 8.30-0.00, fr-sa dj bis 2.30, preis: 12 €, u-bahn: colón

27

CHES SHOP
PEPITA
27

20

Shoppen

⑲ Wie wäre es mit einem Paar handgefertigter, eleganter Lederschuhe? Bei **Meermin** gibt es diese seltenen Exemplare. Der Laden hängt voller Schuhspanner, und auf einem großen Bildschirm wird gezeigt, wie die Schuhe hergestellt werden.
c/ claudio coello 20, www.meermin.es, telefon: 97 1500315, geöffnet: mo-sa 10.30-21.00, so 12.00-19.00, u-bahn: velázquez

⑳ In der Einbahnstraße **Callejón de Jorge Juan** gibt es eine Reihe schöner kleiner Läden. Blumige, bunte Kleidung aus eigenen Entwürfen der spanischen Modedesignerin Sybilla kauft man am besten bei Jocomomola, Bohemian-Chic findet man bei Scooter. Es gibt hier auch ein Geschäft der Modeschöpferin Isabel Marant. Auf der anderen Straßenseite hat Scooter Hombre alles für den modebewussten Mann.
callejón de jorge juan, www.isabelmarant.tm.fr, www.jocomomola.es, www.scooterhombre.com, geöffnet: mo-fr 10.30-20.30, sa 10.00-14.30 & 16.30-20.30, u-bahn: velázquez

㉑ Bei **Pretty Ballerinas** werden, wie der Name schon verrät, Ballerinas in allen möglichen Varianten, Farben und Größen verkauft. Die flachen Schuhe sind in Madrid ein fester Bestandteil der Garderobe.
c/ de lagasca 30, www.prettyballerinas.com, telefon: 91 4319509, geöffnet: mo-sa 10.30-20.30, u-bahn: retiro

㉒ **Uno de 50**, eins von 50, ist ein Schmuckgeschäft für Männer und Frauen. Die Designs sind außergewöhnlich und in Spanien sehr gefragt. Wer hier ein Schmuckstück kauft, kann sicher sein, dass es nur noch 49 gleiche davon gibt.
c/ jorge juan 17, www.unode50.com, telefon: 91 4311929, geöffnet: täglich 10.00-20.30, u-bahn: serrano

PrettyBallerinas

(23) Stöckelschuhe, Stiefel und Sandalen präsentiert **If shoes**. Hier werden die Entwürfe bekannter Designer wie Stella McCartney und Alexander McQueen verkauft. Die perfekten Schuhe für alle Aschenputtel unter uns.
c/ jorge juan 22, www.ifshoes.com, telefon: 91 5776641, geöffnet: mo-fr 11.00-20.30, sa 11.00-14.30 & 17.00-21.00, u-bahn: serrano

(26) Kleidung, Gadgets und Accessoires für modebewusste Männer und Frauen kann man bei **Gallery Madrid** erstehen. Das Angebot reicht von Helmen und Rädern über die neuesten MP3-Player und Sportschuhe bis hin zu Champagner. Hier gibt es Marken wie Lanvin und Neil Barret. Kreditkarte nicht vergessen.
c/ jorge juan 38, www.gallerymadrid.com, telefon: 91 5767931, geöffnet: mo-fr 10.00-20.30, sa 11.00-20.30, u-bahn: velázquez

(27) Die bunte Fassade und die Schlosstüren, durch die man **Pepita Pérez** betritt, machen deutlich, was für Kleidung man erwarten kann: märchenhafte Mode mit viel Farbe, bunten Motiven und vielen netten Details.
c/ de castelló 45, www.pepita-perez.com, geöffnet: mo-sa 10.00-21.00, u-bahn: velázquez

(29) **Hakei** ist eine Mode-Kette mit angenehm lässiger Kleidung, Schuhen und Taschen. Hier gibt es beispielsweise hübsche Kleider, coole Stiefel und groben Strick. Der Name klingt japanisch, das Geschäft aber ist spanisch. Auch nicht unwichtig: Es ist für die Gegend vergleichsweise günstig.
c/ de ayala 34, www.hakei.com, telefon: 91 5754575, geöffnet: mo-sa 10.00-20.30, u-bahn: serrano

100 % there

④ Wer in dieser großen Stadt zur Ruhe kommen oder sich sportlich betätigen möchte, ist im **Yogacenter** an der richtigen Adresse. Hier kann man den Tag mit einer Yoga- oder Pilates-Schnupperstunde auf Spanisch oder Englisch beginnen. Man sollte vorher reservieren.
serrano 6, bajo 4, www.yogacentersc.es, telefon: 91 5751913, preis: schnupperstunde ab 17 €, u-bahn: retiro

⑭ In den drei tropischen Gewächshäusern auf dem Gelände des **Real Jardín Botánico** wachsen rund 30.000 Pflanzenarten, unter anderem aus Südamerika und dem Mittelmeerraum.
plaza de murillo 2, http://www.rjb.csic.es/jardinbotanico/jardin/, telefon: 91 4203017, geöffnet: täglich 10.00-18.00, mai-aug. 10.00-21.00, eintritt: 2,50 €, u-bahn: atocha

⑮ Das **Caixaforum Madrid** ist ein ehemaliges Kraftwerk, das von den Architekten Herzog und De Meuron zu einem Kulturzentrum mit Ausstellungsraum umgebaut wurde. Man kann dort moderne Kunst aus der Sammlung der Bank La Caixa ansehen, und es finden Ausstellungen, Konzerte und Kinderveranstaltungen statt. In der obersten Etage liegen ein Café und ein Restaurant mit schöner Aussicht sowie der Museumsladen mit einem großen Sortiment. Blickfang ist der vertikale Garten im Eingangsbereich.
paseo del prado 36, www.obrasocial.lacaixa.es/nuestroscentros/caixaforum madrid/caixaforummadrid_es.html, telefon: 91 3307300, geöffnet: täglich 10.00-20.00, eintritt: frei, für einige aktivitäten wird ein kleiner obolus verlangt, u-bahn: atocha

⑯ Madrids Einwohner nennen ihn "El Retiro", der offizielle Name des Parks lautet jedoch **Parque del Buen Retiro**. Vor allem während der Woche ist es hier so still, dass man ungestört spazieren gehen oder auf einer Bank die Ruhe genießen kann. Der Park ist ideal zum Joggen und Radfahren sowie für eine Siesta oder ein Picknick auf dem Rasen.
parque del buen retiro, u-bahn: retiro/ibiza

CAIXAFORUM MADRID ⑮

⑱ Auf dem See **Estanque del Retiro** kann man prima mit dem Ruderboot herumfahren. Sonntagnachmittags stehen auf der breiten Allee Paseo del Salón del Estanque, die am See entlang verläuft, verschiedene Buden und Straßenkünstler, Handleser und Wahrsager, die ihre Künste anbieten.
parque del buen retiro, telefon: 91 5744024, geöffnet: täglich 10.00-17.30, sommer 10.00-20.30, preis: 4,20 € leihgebühr, u-bahn: retiro/ibiza

㉚ Der **Mercado de la Paz**, der 1882 errichtet wurde, ist Madrids schickster Markt. Dennoch ist er gemütlich und lädt dazu ein, spanische Delikatessen zu probieren.
c/ de ayala 28, telefon: 91 4350743, geöffnet: mo-fr 9.00-20.30, sa 9.00-14.30, u-bahn: serrano

Paseo del Prado, Retiro & Barrio Salamanca

SPAZIERGANG 3

Ab dem U-Bahnhof Retiro geht es in Richtung Puerta de Alcalá (1). Hier beim Tor können Sie frühstücken (2) oder einen Tisch für den Abend reservieren (3). Biegen Sie in die C/ Serrano ein, für eine Wellness-Stunde (4). Von hier geht es geradeaus Richtung Palacio de Linares (5) und die Plaza de Cibeles (6) mit dem Palacio de Cibeles (7). Ein paar Schritte weiter befindet sich das Museo Naval (9) und eine Straße weiter links ein Kunstmuseum (8). Oder überqueren Sie den Platz (10), um das Museum Thyssen-Bornemisza (11) zu besuchen. Wer eine Kleinigkeit essen will, kann bei (12) Tapas probieren. Den Paseo del Prado überqueren, um das Museo del Prado (13) zu bestaunen. Dahinter, an der Plaza de Murillo, befindet sich der Eingang zum Real Jardín Botánico (14). Gegenüber dem Garten gibt es eine Ausstellung zu sehen (15). Gehen Sie weiter in Richtung C/ de Claudio Moyano, um über den Büchermarkt zu schlendern. Am Ende der Straße liegt der Eingang zum Park (16). Biegen Sie im Park links in den Kreisverkehr ein und folgen Sie rechts dem Weg zum Palacio de Cristal (17). Danach geht es Richtung Paseo del Salón del Estanque, um den Straßenkünstlern zuzuschauen und die Aussicht zu genießen. Wer will, kann am Ende des Weges ein Boot mieten (18). Verlassen Sie den Park über den Paseo del Salón del Estanque oder die Avenida de Méjico und tauchen Sie in die schicken Straßen von Salamanca ein. In C/ de Claudio de Coello können Sie ein paar gute Lederschuhe erstehen (19). In C/ Jorge Juán und den Seitenstraßen lässt es sich prima shoppen (20) (21) (22) (23) und essen (24) (25). Für Männer ist Gallery Madrid (26) ein Muss. Biegen Sie links in die C/ de Castelló ein, um farbenfrohe Kleidung zu kaufen (27). Weiter geradeaus und dann links in die C/ de Don Ramón de la Cruz. Bei Lateral (28) kann man fast rund um die Uhr Tapas genießen. Dann rechts in die C/ Ayala einbiegen (29). Geradeaus zwischen der C/ Lagasca und der C/ Claudio Coello liegt der Marktzugang (30). Gegenüber kann man gut essen (31). Danach geht es links in die C/ Claudio Coello zum alten Theater, um einen Tisch zu reservieren (32). Biegen Sie rechts in die C/ Hermosilla ein und dann links in die C/ Serrano, um das Archäologische Museum (33), die Nationalbibliothek (34) und die Plaza de Colón (35) zu sehen. Biegen Sie danach links in die Paseo de la Castellana ein, um peruanisch zu essen (36) oder eine moderne Bar zu besuchen (37).

4

Wer dagegen kleinere und ausgefallenere Geschäfte sucht, kann in die umliegenden Straßen wie die Calle Pelayo oder in den Stadtteil Malasaña ausweichen. Malasaña war das Zentrum der Movida Madrileña, einer dem Punk verwandten Subkultur, die sich Ende der 1970er-Jahre als Reaktion auf die postdiktatorische Ära unter General Franco entfaltete. Es war eine Zeit der neuen Freiheiten, es gab Konzerte, man ging aus. Noch immer ist Malasaña von dieser Subkultur und dem Nachtleben geprägt. Der Stadtteil scheint teilweise in den 1980er-Jahren stecken geblieben zu sein. Es ist ein beliebtes, etwas alternatives Viertel Madrids für junge Madrilenen, die gerne essen gehen, feiern und shoppen. Man kann hier stundenlang an den Geschäften vorbeischlendern, in denen Dinge verkauft werden, die von kreativen und oft jungen Unternehmern selbst hergestellt werden. Es gibt Vintage-Boutiquen und Schallplattenläden, und abends kann man hier endlos auf Kneipentour gehen.

6 Insider-Tipps

Olivia te Cuida

Das Frühstücksbrot selbst toasten und schmieren.

Mercado de San Antón

Tapas essen und auf der Dachterrasse einen Cocktail trinken.

Café Manuela

In einer Vintage-Filmkulisse Gesellschaftsspiele spielen.

Cacao Sampaka

Köstliche Schokolade probieren und kaufen.

Malasaña

Vintage-Kleidung und Accessoires shoppen.

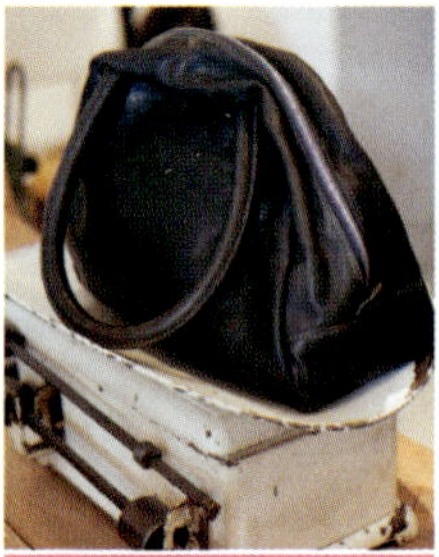

Oak

Ein neues Stück für den Kleiderschrank kaufen.

- **Sehenswürdigkeiten**
- **Essen & Trinken**
- **Shoppen**
- **100 % there**

Sehenswürdigkeiten

(5) Das **Monasterio de las Salesas Reales** ist heute ein Gerichtsgebäude. Der Bau der Kirche, die von Barbara Braganza in Auftrag gegeben wurde, war im Jahr 1758 vollendet. Braganza und ihr Mann, König Ferdinand VI., liegen hier begraben. Das ist bemerkenswert, da der Rest der königlichen Familie im El Escorial, einem Palast nördlich von Madrid, bestattet wurde.
plaza de salesas 11, geöffnet: nicht öffentlich zugänglich, u-bahn: colón

(6) Im **Museo de Cera** kann man mehr als 450 Wachsfiguren bestaunen – von bekannten Persönlichkeiten aus der Geschichte bis hin zu Filmstars und Sportlern.
paseo de recoletos 41, www.museoceramadrid.com, telefon: 91 3192649, geöffnet: mo-fr 10.00-14.30 & 16.30-20.30, sa-so 10.00-20.30, eintritt: 16 €, u-bahn: colón

(15) Der **Palacio Longoria** ist ein wahres Juwel. Dieses Gebäude ist eines der seltenen Beispiele modernistischer Architektur und besonders charakteristisch für diesen Stil. Der Palast wurde im Jahr 1902 als Wohnhaus des Bankiers Longoria errichtet. Heute ist er Sitz des spanischen Schriftstellerverbandes.
c/ fernando vi 4, nicht öffentlich zugänglich, u-bahn: chueca

(17) Das **Museo del Romanticismo** wurde im Jahr 1921 dem Staat geschenkt. Es ist in einem typischen Stadtpalais aus dem 18. Jahrhundert untergebracht und zeigt Kunstwerke aus der Romantik, unter anderem wichtige Arbeiten von Künstlern wie Goya. Daneben vermittelt das Museum einen guten Eindruck vom Leben der Madrider Mittelklasse im 19. Jahrhundert. In den im Originalstil eingerichteten Zimmern sind Möbel, Klaviere und Haushaltsgegenstände zu sehen.
c/ san mateo 13, www.museoromanticismo.mcu.es, telefon: 91 4480163, geöffnet: 1. mai-31. okt. di-sa 9.30-20.30, so 10.00-15.00, 1. nov.-30. apr. di-sa 9.30-18.30, so 10.00-15.00, eintritt: 3 €, sa ab 14.00 frei, u-bahn: tribunal

Essen & Trinken

(1) Bei **Cacao Sampaka** gibt es die beste Schokolade der Stadt. Die Pralinen, besser gesagt Schokoladenkollektionen, sind unwiderstehlich, ebenso die heiße Schokolade. Probieren Sie die Azteca mit einem Schokolade-Anteil von 80 Prozent und Gewürzen. Sie ist so dickflüssig, dass der Löffel einfach drin stehen bleibt.
c/ orellana 4, www.cacaosampaka.com, telefon: 91 3195840, geöffnet: laden täglich 10.00-21.30, bar bis 21.00, preis: chocomel 3 €, u-bahn: alonso martínez

(2) **Olivia te Cuida** bedeutet "Olivia sorgt für dich". Und das macht sie. Das Restaurant ist im wahrsten Sinne des Wortes klein, aber fein, und an dem riesigen Gemeinschaftstisch gibt es ein herrliches Frühstück. Toasten Sie Ihr Brot selbst und bestreichen Sie es mit selbst gemachter Marmelade, aber auch das Mittagessen ist überaus lecker und gesund. Hier wird mit biologischen Zutaten und viel Liebe gekocht.
c/ santa teresa 8, www.oliviatecuida.com, telefon: 91 7010066, geöffnet: mo-fr 9.00-18.00, preis: mittagsmenü 8,50 €, u-bahn: alonso martínez

(8) Der französische Koch Frédéric Fétiveau schwingt den Kochlöffel im **Café Oliver**, seit 1966 ein Klassiker in Madrid. Er verbindet französische, spanische, italienische und marokkanische Küche miteinander. Sogar Frank Sinatra kam zum Essen hierher. Auf der Speisekarte stehen unter anderem Tatarbeefsteak, *confit de pato de Oliver* oder *couscous de capón.*
c/ almirante 12, www.cafeoliver.com, telefon: 91 5217379, geöffnet: mo-do 13.30-16.30 & 21.00-0.00, fr-sa 13.30-16.30 & 21.00-1.00, so 11.30-16.30, preis: 20 €, u-bahn: chueca

(9) **La Kitchen** ist ein schön eingerichtetes und gemütliches Lokal unter einem Steingewölbe. Hier werden neben Nudeln auch verschiedene Fisch- und Reisgerichte serviert. Empfehlenswert sind das Tatar oder das *steak de atún* und zum Nachtisch der herrliche Apfelkuchen. Die netten Gäste tragen sehr zur angenehmen Atmosphäre bei.
c/ prim 5, www.lakitchen.es, telefon: 91 3604974, geöffnet: mo-sa 13.30-16.00 & 21.00-0.00, preis: 15 €, u-bahn: chueca

LA MUCCA ㉒

⑩ Die Familienporträts an der Wand des **La Bardemcilla** verleihen dem Restaurant eine etwas häusliche Atmosphäre. Man ist hier gewissermaßen zu Besuch bei der Familie des Schauspielers Javier Bardem. Die *raciones* haben daher auch ihren Namen aus Filmen. Insbesondere die Kroketten *jamónjamón* sind sehr gefragt.
c/ augusto figueroa 47, www.labardemcilla.com, telefon: 91 5214256, geöffnet: mo-fr 13.30-16.00 & 20.00-1.00, sa 20.00-2.00, preis: ración 8 €, u-bahn: chueca

(18) **Areia** ist schon seit Jahren ein Renner: Man kommt zum Mittagessen, auf einen Kaffee mit Kuchen oder zum Loungen auf den gemütlichen Kissen. Jeden Abend kann man hier mit einem Caipirinha oder Mojito in der Hand der Musik des DJs lauschen.
c/ hortaleza 92, www.areiachillout.com, telefon: 91 3100307, geöffnet: täglich 13.00-3.00, u-bahn: alonso martínez

(21) Das **Bufalino** liegt versteckt in einer der Gassen von Malasaña. Dieses Restaurant hat einen italienisch-argentinischen Inhaber. Die moderne Einrichtung mit den grasgrünen Wänden und den wenigen Tischen verleiht dem Restaurant eine persönliche Note. Zu empfehlen sind das *redondo de ternera* und das Risotto. Auch das wechselnde Tagesmenü ist *muy bien.*
c/ puebla 9, www.bufalino.es, telefon: 91 5218031, geöffnet: mo 13.00-18.00, di-sa 13.00-18.00 & 20.00-2.00, preis: mittagessen 11,50 €, u-bahn: gran vía

(22) Im **La Mucca** stehen schmackhafte Salate und Pizzen mit einem knusprig dünnen Boden auf der Speisekarte. Die langen Holztische und diversen Sitzecken geben dem Restaurant eine warme Atmosphäre. Hier treffen sich viele Gruppen zum Essen, daher sollte man vorher reservieren.
plaza carlos cambronero 4, www.lamucca.es, telefon: 91 5210000, geöffnet: so-mi 13.00-1.30, do 13.00-2.00, fr-sa 13.00-2.30, preis: 15 €, u-bahn: noviciado

(24) Schön von außen, überraschend von innen. Mitten im **La Cocina de mi Vecina** steht ein großer Tisch, an dem Sie zusammen mit den Madrilenen sitzen können. Ideal für einen Nachmittag mit Kaffee und Kuchen.
corredera alta de san pablo 15, telefon: 91 5210624, geöffnet: täglich 9.00-23.30, preis: 4 €, u-bahn: tribunal

(26) Die **Home Burger Bar** im Herzen von Malasaña ist einem Eisenbahnwaggon der 1950er-Jahre nachempfunden. Die Burger sind zu 100% aus Biofleisch und variieren vom klassischen Hamburger über den *burger caprese* (mit Rucola und getrockneten Tomaten) und *burger tandoori* bis zum Veggie-Burger. Man sollte reservieren.
c/ espíritu santo 12, www.homeburgerbar.com, telefon: 91 5229728, geöffnet: mo-sa 13.30-16.00 & 20.30-0.00, so 14.00-16.30 & 20.30-23.00, preis: 10 €, u-bahn: tribunal

(27) In Malasaña gibt es neben Vintage-Geschäften auch ein **Vintage-Café**. Im **Lolina** herrscht eine angenehme Atmosphäre, und die Ausstattung mit Möbeln aus den 1950er-, 1960er- und 1970er-Jahren ist äußerst gelungen. Besonders praktisch: Das Café ist den ganzen Tag über geöffnet.
c/ espíritu santo 9, www.lolinacafe.com, telefon: 91 5235859, geöffnet: täglich 10.00-2.00, preis: frühstück 2,50 €, u-bahn: noviciado

(28) Im **El Rincón de Espíritu Santo** lässt es sich zu jeder Tageszeit hervorragend aushalten, denn vom Frühstück über Mittag- und Abendessen bis hin zu den Getränken schmeckt alles. Die Speisekarte und der Kuchen wechseln regelmäßig. Empfehlenswert: die schöne Terrasse, zu der man durch die Flügeltüren gelangt.
c/ espíritu santo 26, telefon: 91 5221986, geöffnet: mo-sa 10.00-2.00, preis: 8 €, u-bahn: tribunal

(29) Im **Ojalá** hat man morgens die Wahl zwischen diversen Frühstücksvarianten, Brötchen mit verschiedenen Käsesorten, Eiern und Obst. Ab 20.30 Uhr können Sie im Keller zu Abend essen – mit den Füßen im Sand! Bleiben Sie nach dem Essen einfach dort und genießen Sie einen Cocktail.
c/ san andrés 1, www.ojala-restaurante.com, telefon: 91 5232747, geöffnet: mo-mi 9.00-0.00, do-fr 9.00-2.00, sa 14.00-2.00, so 14.00-0.00, preis: 6 €, u-bahn: tribunal

ZUMOS DE LA FRESCA DEL SÓTANO
ENSALADAS DEL VEGETARIANO DEL TERCERO
PASTA FRESCA DEL ENRROLLADO DEL QUINTO
FRAPPES DEL COOL DEL PRIMERO
TARTAS DE LA DULCE PORTERA
& MÁS...
LLÉVATE A CASA EL TÉ DE LA VECINA!!
24

2

HAMBURGUESAS ECOLÓGICAS
***
ORGANIC BURGERS
26

Shoppen

③ Im **Lomographyshop** dreht sich alles um Kameras und Fotos. Es gibt verschiedene Lomo-Kameras (einfache analoge Kameras mit Film) sowie Zubehör. Sie können Fotos entwickeln lassen, und es werden regelmäßig Partys und Ausstellungen zum Thema Fotografie veranstaltet.
c/ argensola 3, www.lomography.com, telefon: 91 3691799, geöffnet: mo-sa 10.30-20.30, u-bahn: alonso martínez

④ Das **Oak** ist ein modernes Modegeschäft mit schönen Kollektionen für Damen und Herren. Hier gibt es auch viele Accessoires wie Schmuck und Schals sowie Bademode und Schuhe. Eigentlich zeugt das gesamte Angebot von einem guten Geschmack. Hier findet man ohne viel Mühe das Kleid oder den Schal, nach dem man schon ganz lange Ausschau gehalten hat.
c/ de belén 7, telefon: 91 7021401, geöffnet: mo-fr 11.00-20.30, sa 11.00-14.30 & 16.30-20.30, u-bahn: alonso martínez

⑦ Wenn Sie auf der Suche nach einem Geschenk sind, ist vielleicht das **Expresión Negra** etwas für Sie. Wie wäre es mit einem Tisch oder Schrank aus recycelten Dosen? Oder vielleicht doch besser etwas, das sich leichter in den Koffer packen lässt? Zum Beispiel Kleidung oder Fotorahmen. Fast alle Produkte wurden in Afrika handgefertigt.
c/ del piamonte 15, telefon: 91 3199527, geöffnet: mo-sa 11.00-14.30 & 17.00-20.30, u-bahn: alonso martínez

⑫ Machen Sie es wie die Madrilenen und zeigen Sie sich mit einer großen Sonnenbrille. Bei **Zelai Óptica** werden Brillen und Sonnenbrillen von Marken wie Alain Mikli, Philippe Starck, IC! Berlin und Tom Ford verkauft.
plaza de chueca 9, www.zelaioptica.com, telefon: 91 5240547, geöffnet: mo-do 11.00-14.30 & 17.00-20.30, fr-sa 11.00-21.00, u-bahn: chueca

⑬ Die Galerie **Mad is Mad** hat ein bunt gemischtes Publikum, und auch die Preise für die Kunstwerke variieren sehr stark. Hier werden einzigartige Objekte, Gemälde, Zeichnungen, Fotos, Kuscheltiere und Ziernadeln verkauft.
c/ pelayo 48, www.madismad.com, telefon: 91 3914311, geöffnet: do-sa 17.30-21.30, u-bahn: chueca

GLÜCK, NIÑOS CON SUERTE (32)

㉓ NEST BOUTIQUE

⑯ Wohlriechende Seifen in schönen Art-déco-Verpackungen und Schaumbäder von Claus Porto werden im **Le Secret du Marais** angeboten. Der freundliche Eigentümer stellt Ihnen gerne das Körperpflege-Sortiment und die Parfüms vor. Marken wie Ren, das biologische Label Patyka, das spanische Hierbas de Ibiza und Juliette Has a Gun findet man schließlich nicht an jeder Straßenecke. Es gibt auch ein Herrensortiment sowie Gesichtsbehandlungen mit verführerischen Namen wie "Schokoladenkuss".
c/ hortaleza 75, www.lesecretdumarais.es, telefon: 91 3100133, geöffnet: mo-fr 11.00-20.30, sa 11.00-14.30, u-bahn: alonso martínez

(19) **Caramelízate** hat ein unwiderstehlich großes Sortiment an Süßwaren: Lollis, Schokolade und Bonbons, die man selbst in die Tüte schaufeln kann. Und selbst Fans von Lakritze werden hier fündig.
c/ hortaleza 94, www.caramelizate.es, telefon: 91 7026100, geöffnet: mo-fr 10.30-14.00 & 17.00-21.00, sa 11.00-14.00 & 17.00-21.00, u-bahn: alonso martínez

(20) Die **Calle de Fuencarral** ist das reinste Mode- und Schuhparadies. Hier gibt es alles, was modern, stilvoll, ein bisschen alternativ und mit einem bekannten Markennamen versehen ist. Einkaufslustige sollten sich vor allem den Mercado Fuencarral in Hausnummer 45, ein überdachtes Einkaufszentrum mit drei Stockwerken, nicht entgehen lassen.
c/ fuencarral, geöffnet: täglich 10.00-21.00, u-bahn: gran vía/tribunal

(23) Der niedliche Laden **Nest Boutique** hat eine britische Inhaberin. An den Wänden hängen Tapeten, die mit bunten Vögeln bedruckt sind, und überall steht Schnickschnack: eine wahre Fundgrube voller Geschenke für die Daheimgebliebenen.
plaza de san ildefonso 3, www.nest-boutique.com, telefon: 91 5231061, geöffnet: täglich 11.00-21.00, u-bahn: tribunal

(25) **Up Beat** verkauft außer CDs und Büchern für Jazz-, Soul-, Ska- und Reggae-Fans auch Taschen, Kleidung und Schuhe. Hier gibt es die Labels Merc, Brutas und Fred Perry. Außerdem ist dies einer der wenigen Läden, in denen Dr.-Martens-Schuhe erhältlich sind.
c/ espíritu santo 6, www.upbeat.es, telefon: 91 5227660, geöffnet: mo-sa 11.00-14.00 & 17.00-20.30, u-bahn: tribunal

(30) Exklusive Accessoires, Portemonnaies und Stofftaschen in knalligen Farben: Im **Peseta** können Sie einzigartige Exemplare erwerben, in stil- und geschmackvollem Design.
noviciado 9, www.peseta.org, telefon: 91 5211404, geöffnet: mo-fr 10.30-15.00 & 17.00-20.30, sa 10.30-15.00, u-bahn: noviciado

㉜ Vintage-Kleidung, allerdings für Kinder, gibt es bei **Glück, Niños con Suerte**. In diesem Geschäft wird die Atmosphäre des Stadtteils schon den ganz Kleinen vermittelt. Getreu dem Rock-'n'-Roll-Image dieses Viertels werden hier auch Konzerte für die Minis veranstaltet.
c/ de velavarde 12, www.tiendagluck.blogspot.com/, telefon: 91 4455768, geöffnet: mo-sa 11.00-14.00 & 17.00-20.30, u-bahn: tribunal

㉞ **Popland** ist retro, retro und noch einmal retro! Es gibt außer allerlei Krimskrams auch Taschen vom hauseigenen Label Popland und T-Shirts mit witzigen Prints.
c/ manuela malasaña 24, www.popland.com, telefon: 91 5912120, geöffnet: mo-sa 11.00-21.00, u-bahn: bilbao

㉟ Das Geschäft ist zwar nicht groß, die Auswahl an Schuhen dafür umso größer. Bei **Delishoes** stehen Birkenstock-Sandalen, schicke Sneakers von Apepazza oder schöne Pantöffelchen von Paul and Joe und Janet y Janet. Auch für kleine Füße, denn Delishoes verkauft ab Größe 34.
c/ manuela malasaña 21, www.delishoes.es, telefon: 91 5916888, geöffnet: mo-fr 11.00-20.30, sa 11.00-14.30 & 17.00-20.30, u-bahn: tribunal

㊲ Wenn die Sonne und der blaue Himmel Madrids Sie noch nicht fröhlich gestimmt haben, wird das Geschäft **Flamenco** bestimmt dafür sorgen. Sogar die Tapete ist von bunten Blumen übersät, passend zur farbenfrohen Damen- und Kinderkleidung. Schnäppchen finden Sie im Untergeschoss, da gibt es einen Minimarkt mit preisreduzierten Stücken aus früheren Kollektionen.
c/ de sagasta 25, www.flamencochic.com, telefon: 91 5913079, geöffnet: mo-sa 10.00-21.00, u-bahn: bilbao

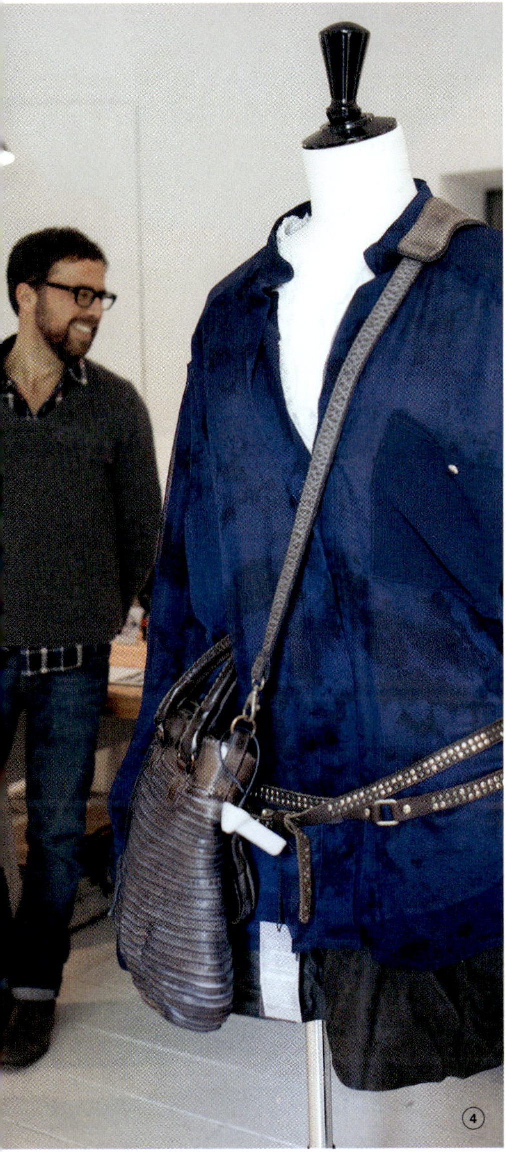
4

GO WILD
LOMO
LIMITED
EDITION

4

100 % there

(11) Der im Jahr 2011 eröffnete überdachte Markt in Chueca, der **Mercado de San Antón**, wirkt wie eine moderne Version des Mercado de San Miguel. Man kann hier allerlei spanische Spezialitäten probieren und kaufen. Aber vielleicht setzen Sie sich lieber auf die Dachterrasse und genießen einen Drink in der Sonne.
c/ augusto figueroa, 24, www.mercadosananton.com, telefon: 91 3300294, geöffnet: mo-do & so 10.00-0.00, fr-sa 10.00-1.30, u-bahn: chueca

(14) Im **A Punto** können Sie Kochunterricht nehmen oder eine kulinarische Wanderung durch Madrid buchen. A Punto ist Kochbuchhandlung, Kochschule, Ausstellungsraum und Probierstube in einem. Hier werden unter anderem auch Weinproben und Cocktail-Workshops angeboten. Wenn Sie nach einem Kochbuch mit spanischen Rezepten suchen, werden Sie bestimmt fündig. Die abendfüllenden Kochkurse sind besonders unterhaltsam, zum Beispiel der Kurs "Happy meal selbst gemacht ... einschließlich Ketchup". Die Bücher werden auch übers Internet vertrieben.
c/ pelayo 60, www.apuntolibreria.com, telefon: 91 7021041, geöffnet: mo-sa 10.00-22.00, so 12.00-15.00, u-bahn: chueca

(31) Im **Café Manuela** fühlt man sich an den Beginn des letzten Jahrhunderts zurückversetzt. Kein Wunder, dass in dieser Kulisse schon über 60 Filme gedreht wurden. Hier hängen große Spiegel, es gibt eine goldene Kasse, eine Kaffeemaschine aus Großmutters Zeit und jede Menge Gesellschaftsspiele wie Trivial Pursuit und Scrabble. Wie wär's mit einem Spieleabend?
san vicente ferrer 29, telefon: 91 5317037, geöffnet: täglich 16.00-2.30, preis: cocktail 6 €, u-bahn: tribunal

(33) Mitten auf der **Plaza del Dos de Mayo** steht ein Denkmal zur Erinnerung an den Volksaufstand vom 2. Mai 1808. Der Bogen hinter dem Denkmal ist der einzige Überrest des Palacio de Monteleón, der hier früher einmal stand. Junge Designer, die sich kein eigenes Geschäft leisten können, aber dennoch ihre Entwürfe anbieten möchten, stellen am Samstagnachmittag ihre Werke aus. Sie verkaufen Bilder, Schmuck und Kleidung – alles handgemacht.
plaza dos de mayo, geöffnet: markt 12.30-21.00, u-bahn: bilbao

CAFÉ MANUELA ㉛

㊱ Bei **Masajes a 1.000** bezahlen Sie die Massage mit Gutscheinen, jeder Gutschein umfasst fünf Minuten. Je mehr Gutscheine Sie kaufen, desto preisgünstiger wird es. Aber das Schönste ist, dass Sie hier einfach ohne Termin erscheinen können. Ideal, wenn die Füße müde sind oder es im Rücken zieht.

c/ carranza 6, www.masajesa1000.es, telefon: 91 4474777, geöffnet: täglich 8.00-23.00, preis: ticket 4,50 €, u-bahn: bilbao

Chueca & Malasaña

SPAZIERGANG 4

Gehen Sie vom U-Bahnhof Alonso Martínez in Richtung C/ Orellana, um Schokolade zu kaufen oder zu frühstücken (1). Oder gehen Sie rechts und dann links in die C/ Santa Teresa, um zu frühstücken oder einen Mittagstisch zu reservieren (2). Dann rechts in die C/ Argensola. In dieser Gegend gibt es nette Läden (3) (4). Biegen Sie in die C/ Fernando VI ein in Richtung Kloster (5). Den hübschen Platz Villa de Paris überqueren, um Wachsfiguren zu bestaunen (6). Dann geradeaus, rechts in die C/ de Fernando VI und links in die Einkaufsstraßen C/ del Almirante und Piamonte (7), wo Sie auch zu Mittag essen können (8) (9). Gehen Sie weiter zur Plaza de Chueca, reservieren Sie einen Tisch bei (10) und besuchen Sie den Markt (11). Ein paar Schritte weiter gibt es coole Sonnenbrillen (12). Danach links und dann rechts in die C/ Pelayo einbiegen, um etwas Kunstvolles zu kaufen (13), kochen zu lernen oder eine kulinarische Wanderung zu buchen (14). Vorne an der Ecke befindet sich der Palacio Longoria (15). Gehen Sie zweimal links, um sich zu verwöhnen (16). Danach gleich rechts zum Museum (17). Gehen Sie zurück, um im Areia (18) auszuruhen und sich bei (19) für unterwegs zu stärken. Flanieren Sie an den Läden entlang und biegen Sie rechts in die C/ Fuencarral ein, wo sich ebenfalls viele Läden befinden (20). Danach gleich rechts in die C/ San Onofre und C/ Valverde abbiegen. Links, in der C/ Puebla, gibt es ein kleines Restaurant (21). Über die C/ Corredera Baja de San Pablo und C/ Pez erreichen Sie einen Platz (22). Gehen Sie in die C/ del Molino de Viento in Richtung Plaza de San Ildefonso, für Mitbringsel (23). Holen Sie sich etwas Doping für die anstehende Shoppingtour (24) oder schauen Sie gleich bei (25) vorbei. Biegen Sie in die C/ del Espíritu Santo ein, um einen Tisch zu reservieren oder für eine Stärkung (26) (27) (28). Biegen Sie rechts in die C/ San Andres ein (29) oder gehen Sie ein paar Schritte weiter, um Einzigartiges zu erwerben (30). Gehen Sie zurück, dann die erste Straße links und dann gleich rechts, um Spiele zu spielen (31) oder Vintage für Kinder zu kaufen (32). Danach geradeaus an der Plaza del Dos de Mayo entlang (33), wo samstags junge Designer ihre Entwürfe zeigen. Danach geht es über die C/ del Divino Pastor und die C/ Monteleón weiter zur C/ Manuela Malasaña, wo Sie erneut shoppen können (34) (35). Müde, aber zufrieden können Sie sich jetzt eine Massage gönnen (36), um zum Abschluss bei Flamenco erneut zuzuschlagen (37).

5

In der Gegend um die Plaza de Oriente herum gibt es für jeden etwas. Kulturliebhaber finden verschiedene Museen, den ägyptischen Tempel oder das Museo Cerralbo. Wer Grün liebt, kann durch die Gärten des Palacio Real spazieren gehen, am Fluss Manzanares entlangradeln oder mit der Drahtseilbahn zur noch größeren Casa del Campo hinauffahren. Allein schon die Aussicht auf die Hügellandschaft ist lohnenswert.

Die Plaza de España kann man nicht verfehlen, denn die Gebäude am Platz sind schon von Weitem zu sehen, vor allem der 142 Meter hohe Turm Torre de Madrid. Auf dem Platz kann man gemütlich in der Sonne sitzen. Auf den zwei großen Straßen, die in diesen Platz münden, herrscht reges Stadtleben: Die Calle Princesa ist eine lebhafte Einkaufsstraße und die Gran Vía Standort vieler Kinos und Theater. Im alternativen Stadtteil Conde Duque, der um die Ecke liegt, geht es dagegen ruhiger zu. Hier kann man durch die Straßen mit den ausgefallenen Geschäften und gemütlichen Lokalen schlendern oder in einem der Straßencafés auf der Plaza de Comendadores einkehren.

6 Insider-Tipps

Viaducto de Segovia

Die schöne Aussicht genießen.

Casa Mingo

Grillhähnchen essen und Cidre trinken.

Palacio Real

Durch die Palastgärten schlendern.

El Abrazo de Vergara

Hervorragende Gerichte probieren.

Casa de Campo

Aus dem *teleférico* die Stadt betrachten.

Víctimas del Celuloide

Dem Kaufrausch zum Opfer fallen.

- **Sehenswürdigkeiten**
- **Shoppen**
- **Essen & Trinken**
- **100 % there**

Sehenswürdigkeiten

(3) Die 1584 errichtete Brücke **Puente de Segovia** ist die älteste der Stadt. Sie führt über den Fluss Manzanares und bietet eine wunderschöne Aussicht auf den Palacio Real und die Gebäude an der Plaza de España.
c/ segovia, u-bahn: puerta del ángel

(4) Die **Jardines del Campo del Moro**, die Gärten des Palacio Real, sind ein beliebter Ort für Hochzeitsbilder. Hier fühlt man sich selbst wie Prinz und Prinzessin.
paseo virgen del puerto, www.patrimonionacional.es, geöffnet: täglich okt.-märz 10.00-18.00, apr.-sept. 10.00-20.00, eintritt: frei, u-bahn: príncipe pío

(5) Die königliche Kapelle **San Antonio de la Florida** ist mit Fresken des berühmten spanischen Malers Francisco de Goya verziert, der hier auch begraben ist. Um dieses Gebäude als Museum nutzen zu können, wurde für die Gläubigen eine zweite Kirche nebenan gebaut. Am 13. Juni kommen viele unverheiratete Frauen, werfen 13 Nadeln in ein Becken und halten ihre Hand hinein. So viele Nadeln hängen bleiben, so viele Verehrer dürfen sie erwarten.
glorieta san antonio de la florida 5, www.madrid.es/ermita, telefon: 91 5420722, geöffnet: di-fr 9.30-20.00, sa-so 10.00-14.00, eintritt: frei, u-bahn: príncipe pío

(8) Der **Tempel von Debod** wurde 1970 nach Spanien gebracht. Er war ein Geschenk der ägyptischen Regierung, als Dank für die Arbeit der spanischen Archäologen in Ägypten. Der Tempel stammt aus dem 3. Jahrhundert v. Chr.
paseo del pintor rosales 2, www.munimadrid.es/templodebod, telefon: 91 7651008, geöffnet: okt.-märz di-fr 9.45-13.45 & 16.15-18.15, sa-so 10.00-14.00, apr.-sept. di-fr 10.00-14.00 & 18.00-20.00, sa-so 10.00-14.00, eintritt: frei, u-bahn: ventura rodríguez

(12) Durch einen Zaun kann man den **Palacio de Liria** sehen. Dieser barocke Palast aus dem 18. Jahrhundert gehörte den Herzögen von Alba.
c/ de la princesa 20, telefon: 91 5475302, führung fr 10.00, 11.00 (auf anfrage), u-bahn: ventura rodríguez

(18) Im Komplex **Conde Duque** sind unter anderem ein Museum mit moderner Kunst, eine Bibliothek, das Stadtarchiv und Ausstellungsräume untergebracht.
conde duque 9 & 11, www.munimadrid.es/museoartecontemporaneo, telefon: 91 5885928, geöffnet: museum di-sa 10.00-14.00 & 17.30-21.00, so 10.30-14.30, eintritt: frei, u-bahn: plaza de españa

(23) Das Monument auf der **Plaza de España** ist dem bekannten spanischen Schriftsteller Miguel de Cervantes gewidmet. Es stellt Don Quijote und Sancho Pansa dar, wie sie gegen Windmühlen kämpfen. An diesem Platz steht auch der Wolkenkratzer Edificio de España, der in den Jahren 1947 bis 1953 gebaut wurde und lange Zeit Spaniens höchstes Gebäude war. Einige Jahre später übernahm der 137 Meter hohe Turm Torre de Madrid diesen Titel.
plaza de españa, u-bahn: plaza de españa

(26) Das **Teatro Real** ist das wichtigste Opernhaus der Stadt. Es wurde in den Jahren 1818–1850 errichtet und seitdem mehrfach gründlich restauriert. Zuerst war es ein Theater, wurde dann aber im Jahr 1997 zum Opernhaus umfunktioniert. Man kann es im Rahmen einer Führung besichtigen. Informationen gibt es an der Kasse.
plaza de oriente, www.teatro-real.com, telefon: 91 5160696, geöffnet: mo-fr 10.30-13.00, sa-so 11.00-13.30, eintritt: 5 €, u-bahn: ópera

(27) Mitten auf der **Plaza de Oriente** steht die Statue von Philipp IV., und auf den Grünflächen befinden sich Figuren von Mitgliedern der königlichen Familie. Ein großer Teil davon war eigentlich für den Palacio Real bestimmt. Die Figuren waren jedoch zu schwer und wurden darum auf diesem Platz aufgestellt.
plaza de oriente, u-bahn: ópera

(28) Die **Jardines Sabatini** gehören zum Palacio Real, aber man kann die Gärten von der Plaza de Oriente aus betreten. Nach einem entspannenden Spaziergang zwischen den Skulpturen, Brunnen und Pflanzen dieser symmetrisch angelegten Gärten haben Sie wieder genug Energie, um die Stadt weiter zu erkunden.
c/ bailén, geöffnet: täglich okt.-apr. 9.00-21.00, mai-sept. 9.00-22.00, eintritt: frei, u-bahn: santo domingo

PLAZA DE ORIENTE 27

(29) Der **Palacio Real** wurde im Auftrag von Philipp V. an die Stelle des im Jahr 1734 abgebrannten maurischen Alcázar gebaut. Es war allerdings Karl III., der 23 Jahre nach dem Bau als Erster in den Palast zog. Von den 2800 Sälen und Zimmern des Palastes kann man etwa 50 besichtigen, einige davon sind äußerst interessant. Im Museo de Música werden Stradivari-Geigen ausgestellt, und in der Armería Real kann man die Waffensammlung Philipps II. und seiner Vorfahren sehen. In der imposanten Biblioteca Real werden über 300.000 Bücher, Handschriften und Musikpartituren aufbewahrt.
c/ bailén, www.patrimonionacional.es, telefon: 91 4548800, geöffnet: apr.-sept. mo-sa 10.00-20.00, so 9.00-15.00, okt.-märz mo-sa 10.00-18.00, eintritt: 10 €, okt.-märz 15.00-18.00 & apr.-sept. 17.00-20.00 frei für eu-bürger (ausweiskontrolle), u-bahn: ópera

(30) Der Bau der **Catedral de Nuestra Señora de la Almudena** dauerte etwa 110 Jahre und wurde im Jahr 1992 abgeschlossen. Die Kathedrale trägt den Namen der Schutzpatronin der Stadt. Viele in Madrid geborene Mädchen wurden nach ihr benannt.
c/ bailén 2, geöffnet: täglich 10.00-20.00, eintritt: 2 €, u-bahn: ópera

(31) Der Park Emir Mohamed I. verdankt seinen Namen dem Stadtgründer. Im Park befinden sich die Ruinen der **Muralla Árabe**, also die letzten Überreste der Mauer, die Madrid im Mittelalter umschloss.
parque emir mohamed i, cuesta de la vega, u-bahn: ópera

(32) Der **Viaducto de Segovia** wurde 1934 errichtet, um die Calle de Bailén zu verlängern und den Höhenunterschied zur hier kreuzenden Calle de Segovia auszugleichen. Die heutige Betonkonstruktion wurde 1942 gebaut, nachdem die erste Brücke im Spanischen Bürgerkrieg zerstört worden war. Die Glaswände wurden 1998 aufgestellt, um Selbstmordversuche zu verhindern. Die Aussicht auf die Berge rings um Madrid ist ausgesprochen schön. Im Volksmund wird der Viadukt auch Puente de Segovia genannt, was zu Missverständnissen führen kann, wenn man die gleichnamige alte Brücke meint.
c/ bailén, u-bahn: la latina

PALACIO REAL ㉙

Essen & Trinken

⑥ Seit 1888 der Liebling der Madrilenen: Wer ein köstliches Grillhähnchen mit einem Gläschen Cidre möchte, muss man am Wochenende bei **Casa Mingo** erst einmal in der Schlange stehen. Wer nicht warten möchte, sollte besser vor 13.30 Uhr kommen.
paseo de la florida 34, www.casamingo.es, telefon: 91 5477918, geöffnet: täglich 11.00-0.00, preis: 10 €, u-bahn: príncipe pío

⑪ Vor oder nach dem Kino die beste Falafel von Madrid essen? Dann auf zu **Ebla**! Die Einrichtung ist zwar etwas schäbig, aber das köstliche Essen entschädigt reichlich.
c/ de martín de los heros 7, telefon: 91 5427884, geöffnet: mo-sa 17.00-1.00, preis: 5 €, u-bahn: plaza de españa

⑬ **El Jardín Secreto** ist ein kleines Café mit kolonial-exotischem Flair. Alle Möbel und Dekostücke werden auch zum Kauf angeboten. Während man einen Salat aus Rosenblättern mit einem *vino del amor* genießt, kann man also gleichzeitig shoppen. Naschkatzen werden sich über die vortrefflichen hausgemachten Torten freuen.
c/ conde duque 2, telefon: 91 5418023, geöffnet: mo-mi 17.30-0.30, do 18.30-1.30, fr-sa 18.30-2.30, so 17.30-0.30, preis: 9 €, u-bahn: plaza de españa

⑭ Das **Toma** wird von einem Amerikaner und einem Spanier geführt. Spezialitäten sind Muscheln *al curry* sowie Jakobsmuscheln. Die Speisekarte bietet aber noch einiges mehr. Am Wochenende ist der Brunch sehr beliebt, und an Wochentagen bekommt man ein gutes und günstiges Mittagessen. Man sollte jedoch vorher reservieren, denn das Lokal ist klein.
c/ conde duque 14, telefon: 91 5474996, geöffnet: di-so 13.30-16.00 & 21.00-0.00, sa-so brunch 13.00-16.00, preis: 15 €, u-bahn: plaza de españa

⑰ **La Cajita de Nori** ist ein gemütliches Restaurant mit einer kleinen Bar, acht bis zehn Tischen und stimmungsvoller Beleuchtung. Wer einen ruhigen Abend verbringen möchte, kann hier einfache und preisgünstige Gerichte genießen.
c/ limón 30, www.lacajitadenori.es, telefon: 91 7587295, geöffnet: mo-do & so 13.00-0.30, fr-sa 13.30-1.30, preis: 10 €, u-bahn: ventura rodríguez

LAS TRES MANOLAS ㊱

㉑ In der **Taquería de Birra** findet man im wahrsten Sinn des Wortes ein Stück Mexiko wieder. Die Einrichtung des Restaurants stammt teilweise aus einer alten mexikanischen Taquería aus dem Jahr 1888. Glaubt man dem Inhaber, gibt es hier die besten Tacos von Madrid. Die Auswahl ist riesig, die Spezialität ist der *taco al pastor* mit geschmortem Schweinefleisch und Ananas. Übrigens werden hier auch Vegetarier satt.
plaza de comendadores, www.lastaquerias.com, telefon: 91 5232806, geöffnet: mo-di 20.00-1.00, mi-do 13.00-16.00 & 20.00-1.00, fr 13.00-17.00 & 19.00-2.00, sa 13.00-19.00 & 20.00-2.00, so 13.00-19.00 & 20.00-1.00, preis: 8 €, u-bahn: san bernardo

㉝ HORNO LA SANTIAGUESA

㉒ **El Rey de los Tallarines** bedeutet so viel wie "Der Nudelkönig". In diesem chinesischen Restaurant werden die Nudeln spektakulär vor Ihren Augen aus Eiern und Mehl hergestellt und danach mit Fleisch, Fisch, Gemüse oder anderen Leckerbissen frisch zubereitet. Das Lokal ist zwar nicht besonders gemütlich, dafür sind die Nudeln jedoch so gut und der Preis so niedrig, dass man sich das nicht entgehen lassen sollte.
c/ san bernardino 2, www.reydetallarines.com, telefon: 91 5426897, geöffnet: täglich 12.30-17.00 & 20.30-0.30 (die nudeln werden täglich um 13.00 & 21.00 zubereitet), preis: nudeln 5 €, u-bahn: noviciado/plaza de españa

(24) Eine Weinprobe macht immer Spaß, aber im **Va de Baco** ist sie einfach großartig. Schon die Eingangspforte ist beeindruckend. Weiter geht es mit fantastischen spanischen Weinen und Tapas.
c/ campomanes 6, www.vadebaco.com, telefon: 91 5417017, geöffnet: mo-sa 12.00-16.30 & 18.00-0.00, preis: 7 €, u-bahn: ópera

(33) Im **Horno la Santiaguesa** werden alle Süßwaren nach traditionellem Rezept selbst hergestellt. Probieren Sie unbedingt ein für Madrid typisches *bartolillo* oder ein *pestiño*.
c/ mayor 73, telefon: 91 5596214, geöffnet: mo-fr 8.00-21.00, sa 8.00-21.30, so 9.00-21.00, u-bahn: ópera

(35) Keine Speisekarte, dafür ein wöchentlich wechselndes Menü: Die **Gastroteca Santiago** bietet spanische Küche mit tagesfrischen Produkten. Sie können zwischen zwei verschiedenen Menüs wählen: einfach und preisgünstig oder ausgiebig und etwas teurer. Hier gibt es neben gutem Essen ein freundliches Personal, das auch den passenden Wein zum Essen empfehlen kann. Man sollte vorher reservieren.
plazuelo de santiago 1, www.lagastrotecadesantiago.es, telefon: 91 5480707, geöffnet: di-sa 13.30-16.00 & 20.30-0.00, so 13.30-16.00, preis: 60 € für das kleine menü, u-bahn: ópera

(36) Im **Las tres Manolas** werden nordspanische Gerichte serviert: Traditionsküche mit einem kreativen Touch. Die Spezialität ist *merluza a las tres manolas*. Auch der mit flüssiger Schokolade gefüllte Kuchen schmeckt köstlich.
c/ vergara 14, www.lastresmanolas.com, telefon: 91 5401890, geöffnet: di-sa 13.30-16.00 & 20.30-0.00, so 13.30-16.00, preis: 20 €, u-bahn: ópera

(37) Man darf Madrid eigentlich nicht verlassen, ohne im **El Abrazo de Vergara** gegessen zu haben. In diesem Restaurant, das von ein paar Freunden gegründet wurde, gibt es köstliche Gerichte und einen sehr hilfsbereiten Service. Die *croquetas de pulpo* (Tintenfischkroketten) und *saquitos de brie* (mit Brie gefüllte Blätterteigtaschen) sind nur einige der Köstlichkeiten, die es hier gibt.
c/ vergara 10, www.elabrazodevergara.com, telefon: 91 5420062, geöffnet: di-do 13.30-15.45 & 20.30-0.00, fr-so 13.30-16.00 & 21.00-0.00, preis: 12 €, u-bahn: ópera

MAKING
MOVIES
16

15

Shoppen

(7) Das **Einkaufszentrum Príncipe Pío** liegt in den drei Gebäuden des ehemaligen Nordbahnhofs aus dem 19. Jahrhundert. Das neoklassizistische Antiguo Edificio del Paseo de la Florida beeindruckt mit eleganten Arkaden. Die Gran Marquesina ist ein Bau aus Stahl und Glas, und am Edificio de Cabecera erkennt man noch den schönen Art-déco-Baustil. Im Einkaufszentrum gibt es die allseits bekannten Ladenketten, ein paar gute Restaurants und ein Kino. Ideal für einen verregneten Tag.
príncipe pío, www.principepio.es, telefon: 91 7580040, geöffnet: mo-sa 10.00-22.00, so 11.00-22.00, u-bahn: príncipe pío

(9) Sie suchen ein Buch über Filmtechnik und Regisseure, oder ein Drehbuch für einen bestimmten Film? Oder sind Sie einfach nur Filmfan? **Ocho y medio** (achteinhalb) ist das beste Fachgeschäft für Filmbücher im ganzen Land.
c/ martín de los heros 11, www.ochoymedio.com, telefon: 91 5590628, geöffnet: mo-sa 10.00-14.00 & 17.00-20.30, u-bahn: plaza de españa

(15) In der Boutique **Mint Marché** können Frauen ins Schwärmen geraten. Hübsche Kleider, schicke Blusen und T-Shirts von Ólivia und Dolfie sowie die sehr begehrten Jeans von Nudie und 7 for all mankind. Und nicht zu vergessen: Schuhe, die größtenteils hohe Absätze haben.
c/ conde duque 14, telefon: 91 5418366, geöffnet: mo-sa 11.30-14.30 & 17.00-21.00, u-bahn: plaza de españa

(16) Das Schlüsselwort im **Sportivo** ist Exklusivität: Dies ist der einzige Laden in Madrid, in dem Streetwear und sportliche Outfits von Marken wie YMC, Fock und Universal Work verkauft werden.
c/ conde duque 20, www.gruposportivo.com, telefon: 91 5425661, geöffnet: mo-sa 10.00-21.00, u-bahn: plaza de españa

(19) Im kleinen Schuhgeschäft **California**, das sich auf sportliche Schuhe spezialisiert hat, gibt es Herrenschuhe von Vans. Dies ist wirklich ein Laden für große Jungs, denn der Verkäufer lässt schon mal sein Spielflugzeug durch den Laden schwirren.
c/ conde duque 28, telefon: 91 5596683, geöffnet: mo-sa 11.00-14.30 & 17.00-21.00, u-bahn: plaza de españa

(20) Die coolen spanischen Graffiti-Künstler stellen ihre Werke an verschiedenen Orten der Welt aus. Im Hotel Oscar kann man einen ihrer Entwürfe sehen, aber auch in ihrem eigenen Shop namens **Boa Mistura** hängen einige Arbeiten. Interesse? Am besten machen Sie vorher einen Termin aus.
c/ de san hermenegildo 5, www.boamistura.com, telefon: 91 2046678, geöffnet: auf anfrage, u-bahn: noviciado

(25) Das schöne Kochgeschäft **Alambique** liegt an der Plaza de Encarnación. Töpfe, Pfannen, Messer oder Geschirr – hier kann man alles finden. Es werden auch Kochkurse angeboten.
plaza de la encarnación 2, www.alambique.com, telefon: 91 5597858, geöffnet: mo-fr 10.00-20.00, sa 10.00-14.00, u-bahn: ópera

(34) Sind Sie auf der Suche nach einem originellen Geschenk? Soll es etwas Besonderes sein – und haben Sie keine Lust, in einem überfüllten Geschäft zu suchen? Bei **Víctimas del Celuloide** werden Sie sicher fündig! Aber seien Sie gewarnt: Bevor Sie sich versehen, werden Sie vielleicht selbst ein Celuloide-Opfer und kommen mit vielen schönen Dingen nach Hause!
c/ santiago 8, www.victimasdelceluloide.com, telefon: 91 5476135, geöffnet: mo-fr 10.30-14.00 & 17.30-21.00, sa 11.30-22.00, u-bahn: ópera

OCHO Y MEDIO 9

② MANZANARES

100 % there

(1) **Casa de Campo** ist der größte Park Madrids. An sonnigen Wochenenden kommen die Madrilenen zum Wandern oder Radfahren hierher. Mitten im Park liegt auch ein See, wo man ein Boot oder Kanu mieten kann. Danach laden die Restaurants am Wasser zu einem Drink oder einem Steak vom Grill ein. Man kann diesen Park mit der U-Bahn erreichen, aber noch mehr Spaß macht es, mit dem *teleférico* dorthin zu schweben.
casa de campo, www.teleferico.com, www.lacasadecampo.net, telefon: 91 5417450, geöffnet: teleférico täglich ab 12.00 (für öffnungszeiten siehe website), preis: hin und zurück 5,35 €, u-bahn: argüelles

(2) Im Jahr 2011 wurde der Park am Fluss **Manzanares** endlich fertiggestellt. In diesem Park gibt es alles, was man an einem Sommertag braucht: Man kann mit den Madrilenen zusammen am Strand liegen, auf einem Gokart oder Fahrrad am Fluss entlangfahren oder ein Stück wandern. Hier ist immer viel los, und beim Radeln sollte man daran denken, dass es der Durchschnitts-Spanier noch nicht gewohnt ist, auf Radfahrer zu achten.
río manzanares, u-bahn: puerta del ángel

(10) Die Kinos von **Cines Renoir** an der Calle Martín de los Heros und der Calle Princesa (Plaza de los Cubos) zeigen Filme in Originalsprache mit spanischen Untertiteln. Nähere Informationen gibt es bei den Kinos selbst oder unter www.guiadelocio.com.
c/ martín de los heros 12 und c/ princesa 3 und 5, www.cinesrenoir.com, geöffnet: vorstellungen täglich 16.00-22.30, preis: 7,50 €, u-bahn: plaza de españa

Caso de Campo, Plaza de España & Palacio Real

SPAZIERGANG 5

Fahren Sie mit der U-Bahn oder mit dem *teleférico* zur Casa de Campo (1), wo der Spaziergang anfängt. Gehen Sie vor zum See, um ein Boot auszuleihen oder auf einer Terrasse etwas zu essen oder zu trinken. Folgen Sie dem Paseo Azul und dem Paseo de Embarcadero zum Fluss (2). Überqueren Sie die Brücke (3) und biegen Sie in den Park ein, in dem Hochzeitspaare sich gerne verewigen lassen (4). Folgen Sie dem Paseo de la Florida bis zu den Zwillingskirchen (5). Wer jetzt Appetit verspürt, kann sich ein Grillhähnchen gönnen (6). Ansonsten bietet sich eine Shoppingtour im Príncipe Pío (7) an. Danach geht es in Richtung Paseo del Rey und C/ de Estanislao Figueras, wo sich der ägyptische Tempel (8) befindet. Gehen Sie zurück, überqueren Sie die C/ de Ferraz und biegen Sie in die C/ de Ventura Rodriguez ein. Rechts in der C/ Martín de los Heros gibt es ein Fachgeschäft für Filmbücher (9), ein Kino (10) und ein gutes Falafel-Lokal (11). Am Ende der Straße die C/ Princesa überqueren, um den Palacio de Liria (12) zu sehen. Folgen Sie der C/ del Duque de Liria zum Viertel Conde Duque. Biegen Sie links in die gleichnamige Straße ein. Im Café an der Ecke (13) kann man sich etwas erholen oder gehen Sie ein paar Schritte weiter, um etwas zu essen oder einzukaufen (14) (15) (16) (17) (19) oder moderne Kunst (18) zu bestaunen. Biegen Sie rechts in die C/ de San Hermenegildo ein, um Graffitiprojekte zu sehen (20) (Voranmeldung im Studio bei Hausnummer 5). Danach geht es weiter zur Plaza de las Comendadores, um einen Taco zu essen (21) oder beim "Nudelkönig", ein paar Meter weiter, einzukehren (22). Gehen Sie an der Plaza de España (23) entlang und biegen Sie links in die C/ de Leganitos ein. Die Plaza de Santo Domingo überqueren, um einen Wein zu trinken (24). Biegen Sie rechts in die C/ de Arrieta ein. An der Ecke zur Plaza de Encarnación gibt es ein schönes Kochgeschäft (25). Danach geradeaus zur Plaza de Oriente gehen, um den Platz und das Theater (26) (27), die Gärten (28) und den Palast (29) zu bewundern. Folgen Sie dann der C/ de Bailén, um die Kathedrale (30) und die Ruinen (31) anzuschauen und, etwas weiter, die herrliche Aussicht zu genießen (32). Gehen Sie zurück und biegen Sie in die C/ Mayor ein, um Süßwaren zu probieren (33). Zum Schluss links in die C/ de Santiago abbiegen, um Mitbringsel zu kaufen (34) und etwas zu essen (35) (36) (37).

6

Das Straßenbild ist geprägt von den Türmen des nahe gelegenen Azca-Komplexes und von den zahlreichen Angestellten der Ministerien und Banken. Insbesondere an Wochentagen herrscht um die Mittagszeit auf den Plätzen, in den Geschäften und in den Restaurants rund um den Komplex ein lebhaftes Treiben. An der Einkaufsstraße Calle Orense sind alle großen Ladenketten vertreten. Außer moderner Architektur und nüchternen Zweckbauten gibt es aber auch einige interessante Museen. Und Madrid wäre nicht Madrid, wenn es nicht mitten in dem ganzen Trubel auch ein paar gemütliche Lokale geben würde. In den vielen Restaurants, Bars und Straßencafés rund um den Paseo de la Castellana kann man zu jeder Tageszeit gut einkehren.

Im Wohnviertel Chamberí herrscht wieder eine ganz andere Atmosphäre. Die Gegend ist geprägt von Haushaltswarengeschäften, Plätzen mit spielenden Kindern und den unvermeidlichen Bars und Restaurants. Dieser Stadtteil hat den Ruf, ein bisschen *pijo* (vornehm) zu sein, was man vor allem an den Preisen für die stattlichen Häuser und an der Kleidung der Kinder sehen kann.

6 Insider-Tipps

Area Real Madrid

Im Fanshop der "Königlichen" ein Souvenir kaufen.

Plaza Castilla

Moderne Architektur und Wolkenkratzer bestaunen.

Cheese Bar

Eine Käseplatte oder ein Käsefondue essen.

Parque de Santander

Eine Runde durch den Park joggen.

Plaza de Olavide

Bei Vino & Compañía Wein probieren.

Estadio Santiago Bernabéu

Real Madrid spielen sehen.

- **Sehenswürdigkeiten**
- **Shoppen**
- **Essen & Trinken**
- **100 % there**

Sehenswürdigkeiten

② Auf der **Plaza Castilla** gibt es eine Menge zu entdecken. Hier steht man fast direkt unter der Puerta de Europa (dem Tor Europas), auch Torres Kio genannt, entworfen von den Architekten Philip Johnson und John Burgee. Diese Türme aus dem Jahr 1996 haben eine Höhe von 116 Metern. Es waren die ersten schiefen Wolkenkratzer der Welt. Der 92 Meter hohe, goldene Obelisk auf dem Platz ist eine Skulptur des Architekten Santiago Calatrava und wurde den Bürgern Madrids von der Bank Caja Madrid geschenkt.
plaza castilla, geöffnet: u-bahn: plaza castilla

③ Wenn man von der Plaza Castilla aus in nördliche Richtung blickt, kann man sie nicht verfehlen: die **Cuatro Torres Business Area**. Madrids jüngste Wolkenkratzer aus dem Jahr 2009 haben die Skyline der Stadt für immer verändert. Sie wurden auf dem Gelände der ehemaligen Ciudad Deportiva von Real Madrid gebaut. In ihrem Inneren sind Büros, Botschaften und ein Fünfsternehotel mit einem Wellnessbereich und dem Panoramarestaurant Volvoreta mit einer umwerfenden Aussicht untergebracht.
paseo de la castellana, www.eurostarsmadridtower.com/ES/restaurante.html, telefon: 91 3342755, geöffnet: restaurant täglich 13.30-16.00 & 20.30-23.30, preis: mittagessen 45 €, abendessen ab 60 €, u-bahn: begoña

④ Die **Fundación Canal Isabel II** ist ein Kulturzentrum, gelegen in einer ehemaligen Pumpstation des Wasserwerks Canal Isabel II. Der Umbau war Teil eines Projektes zur Industriearchitektur. Sehenswert, denn hier läuft immer eine interessante Ausstellung.
c/ mateo inurria 2, www.fundacioncanal.com, telefon: 91 5451506, geöffnet: mo-sa 11.00-20.00, so 11.00-14.00, eintritt: frei, u-bahn: plaza castilla

⑫ Der **Azca-Komplex** versucht die Idee zu verwirklichen, Arbeit und Freizeit miteinander zu verbinden. Auf dem Gelände stehen die Hauptgeschäftsstellen großer Banken und Firmen, aber daneben gibt es auch zahlreiche Geschäfte und Galerien.
complejo azca, paseo de la castellana 95, u-bahn: nuevos ministerios

⑭ Das Gebäude **Torre Picasso** ist ein 157 Meter hohes architektonisches Glanzstück, das aus der Hand desselben Architekten stammt wie das zerstörte World Trade Center in New York. Es umfasst 43 Stockwerke und Arbeitsplätze für 4500 Menschen.
complejo azca, plaza de picasso, u-bahn: nuevos ministerios

⑮ Der Rundbau **Torre Europa** hat 31 Stockwerke und ist bei Dunkelheit an den roten Lichtern erkennbar, die einen blinkenden Kreis um die Spitze herum bilden.
complejo azca, plaza carlos trías bertrán, u-bahn: santiago bernabéu

⑰ Die **Banco Bilbao** ist ein Meisterwerk des spanischen Architekten Javier Sáenz de Oiza. Dieses beeindruckende avantgardistische Bankgebäude stammt aus den 1970er-Jahren.
complejo azca, paseo de la castellana 79-81, u-bahn: nuevos ministerios

⑱ Als man in den 1950er-Jahren beschloss, das Wachstum der Stadt mehr Richtung Norden zu verlegen, wurde der Bürokomplex **Nuevos Ministerios** gebaut. Die Bögen an der Seite des Paeso de la Castellana sind zusammen mit den Gärten charakteristisch für den monumentalen Stil.
paseo de la castellana 67, geöffnet: gärten täglich herbst & winter 7.00-22.00, frühjahr & sommer 7.00-0.00, u-bahn: nuevos ministerios

⑳ Das **Museo de Ciencias Naturales** steht auf einem Hügel mit schöner Aussicht auf den Paseo de la Castellana. Das Museum zählt aufgrund der großen Faunasammlung zu den bedeutendsten Naturkundemuseen. Das von Juan de Villanueva entworfene Gebäude stammt aus den letzten Jahren des 18. Jahrhunderts.
c/ josé gutiérrez abascal 2, www.mncn.csic.es, telefon: 91 4111328, geöffnet: di-fr 10.00-18.00, sa 10.00-20.00, so 10.00-14.30, eintritt: 6 €, u-bahn: gregorio marañón

PLAZA CASTILLA ②

㉖ MUSEO SOROLLA

(25) In dem Palais, in dem das **Museo Lázaro Galdiano** untergebracht ist, kann man eine der wichtigsten Privatsammlungen Spaniens sehen. Diese umfangreiche Kunstsammlung, die von José Lázaro Galdiano hinterlassen wurde, besteht unter anderem aus Gemälden, Waffen, Porzellan und Zeichnungen.
c/ serrano 122, www.flg.es, telefon: 91 5616084, geöffnet: di-sa 10.00-16.30, so 10.00-15.00, eintritt: 6 €, letzte stunde frei, u-bahn: gregorio marañón

(26) Der aus Valencia stammende Maler Joaquín Sorolla hat die letzten Jahre seines Lebens in diesem Haus verbracht. In dem heutigen **Museo Sorolla** sind einige seiner Arbeiten sowie das Originalinventar zu sehen. Man kann auch durch den von Sorolla selbst entworfenen Vorgarten spazieren.
paseo del general martínez campos 37, www.museosorolla.mcu.es, telefon: 91 3101584, geöffnet: di-sa 9.30-20.00, so 10.00-15.00, eintritt: 3 €, so frei, u-bahn: gregorio marañón

(27) Am Paseo de la Castellana befindet sich unter dem Viadukt der Calle Eduardo Dato ein kleines Freiluftmuseum mit Arbeiten spanischer Künstler. Die avantgardistischen Skulpturen dieses **Museo de Arte Público** kann man sich einfach so auf der Straße ansehen.
paseo de la castellana, u-bahn: rubén darío

(30) Der alte U-Bahnhof **Andén Cero**, der zu Madrids erster U-Bahnlinie gehörte, ist nicht mehr in Betrieb. Die U-Bahn fährt zwar noch an den Bahnsteigen vorbei (hinter einer Glaswand), hält jedoch nicht mehr. Die alten Fahrkartenschalter und die Reklametafeln aus Kacheln runden das nostalgische Flair ab.
plaza de chamberí, www.metromadrid.es, geöffnet: di-fr 11.00-19.00, sa-so 11.00-15.00, eintritt: frei, u-bahn: iglesia / bilbao

Essen & Trinken

① Bei **Delina's** kann man zwischen Geschäftsleuten frühstücken, einen gesunden Lunch bestellen oder einfach nur einen Kaffee trinken. Die köstlich belegten Brötchen, Salate, Bagels und Wraps werden täglich frisch zubereitet. Dieses erfolgreiche Konzept gibt es inzwischen öfter in der Stadt.
paseo de castellana 171, www.delinas.com, telefon: 91 315 27 85, geöffnet: mo-fr 7.30-20.00, sa-so 11.00-21.00, preis: frühstück 3,50 €, u-bahn: plaza castilla

⑥ **La Garriga** ist ein Klassiker in Madrid. Die Bar mit angeschlossenem Wurstwarengeschäft hat sich auf *butifarra* (katalanische Wurst) und andere katalanische Fleischwaren spezialisiert, ist aber auch bekannt für sein *pa amb tumaca* (geröstetes Brot mit Tomaten).
paseo de la castellana 153, www.lagarrigacharcuteria.com, telefon: 91 5700139, geöffnet: mo-fr 9.00-15.30 & 17.00-20.00, sa 9.00-15.30, u-bahn: cuzco

⑦ **Alfredo's Barbacoa** macht die besten Hamburger der Stadt. Der Inhaber ist ein Amerikaner, der das Fach von seinem Vater gelernt hat. Anscheinend verbirgt sich in den Gewürzen das große Geheimnis für den besonderen Geschmack der Hamburger. Es gibt nicht weniger als 15 Varianten. Und für das echte "All American Feeling" zeigt im Kellergeschoss der Fernseher während des Essens, wie man ein Lasso wirft.
c/ hurtado de mendoza 11, www.alfredos-barbacoa.es, telefon: 91 3451639, geöffnet: täglich 13.00-16.30 & 20.30-0.00, fr-sa bis 1.00, preis: 8 €, u-bahn: cuzco

⑩ Durch die großen Fenster des **Real Café Bernabéu** kann man den Rasen des Stadions sehen. Fußballfans werden ihre helle Freude daran haben. Leider ist das Café während der offiziellen Spiele geschlossen. Doch zu allen anderen Zeiten gibt es leckere Gerichte mit Fleisch, Fisch, Nudeln und Reis sowie eine Kinderkarte. Man kann aber auch einfach nur etwas trinken und dazu Tapas essen.
estadio santiago bernabéu, eingang via puerta 30, www.realcafebernabeu.es, telefon: 91 4583667, geöffnet: täglich 10.00-2.00, preis: 25 €, u-bahn: santiago bernabéu

LA GARRIGA ⑥

㉑ Wer sich durch alle spanischen Tapas durchprobiert hat, für den gibt es bei **Kindalo** japanisches Essen. Die Häppchen kommen auf einem Laufband direkt an den Tisch, und man kann sich zu einem fairen Preis den Bauch mit Sushi, Soja und rohem Fisch vollschlagen.
fernandéz de la hoz 70, telefon: 91 3992888, geöffnet: täglich 13.00-17.00 & 21.00-23.30, preis: 15 €, u-bahn: gregorio marañón

(22) In der **Gabinoteca** gibt es Tapas der etwas anderen Art. Alle Vorspeisen, Hauptgerichte und Nachtische haben die Größe einer Tapas-Portion. Alles ist unglaublich lecker und wird auf originelle Weise präsentiert. Probieren Sie einmal Kartoffeln, Eier und Trüffel im Glas und zum Nachtisch eine *crema de queso*. Die Einrichtung des Restaurants ist genauso überraschend wie die Speisen. Leider kann man nicht reservieren und es ist meistens voll. Man muss also eine Wartezeit in Kauf nehmen.
fernandéz de la hoz 53, www.lagabinoteca.es/1200.html, telefon: 91 3991500, geöffnet: mo-fr 13.00-16.30 & 21.00-0.00, sa 21.00-1.00, preis: 15 €, u-bahn: alonso cano/gregorio marañón

(23) Diese Bar ist zwar erst seit Kurzem geöffnet, aber jetzt schon ein heißer Tipp. An der **Cheese Bar** können Sie zusammen mit den etwas vornehmeren Madrilenen unglaublich viele Käsesorten genießen. Probieren Sie mal die Sushis, oder lassen Sie sich an einem der Tische ein Käsefondue in geselliger Runde schmecken. Ein ausgezeichneter Snack für zwischendurch, und für den richtigen Hunger gibt es auf der Speisekarte noch viele andere leckere Käsegerichte.
c/ de josé abascal 61, www.ponceletcheesebar.es, telefon: 91 3992550, geöffnet: täglich 8.30-0.00, preis: 15 €, u-bahn: gregorio marañón

(24) An Wochentagen kommen vor allem Geschäftsleute zum Lunch ins **Café Saigon**. Am Wochenende füllt sich das Restaurant jedoch mit jungen und hippen Madrilenen, die wegen der guten vietnamesischen Küche mit französischem, chinesischem und thailändischem Einschlag herkommen. Reservieren ist notwendig.
c/ maría de molina (ecke paseo de castellana 66), www.cafesaigon.es, geöffnet: täglich 13.30-16.00 & 20.30-0.30, preis: 15 €, u-bahn: gregorio marañón

poncelet
HEESE BAR
ABASCAL · 61
MADRID
since 2010
[tSi:z ba:r] 1° Para los amantes del Queso:
Para los que no lo son tanto:
3° Horario:
www.ponceletcheesebar.es
23

23

CHEESE BAR
23

(28) **Harvest** liegt zwar ein wenig versteckt, aber bei schönem Wetter sind die Plätze auf der Terrasse im Handumdrehen besetzt. Doch man kann auch drinnen gut sitzen. Es gibt hier allerlei kleine Gerichte wie gefüllte Pitas, Wraps, Hummus, Salate und Kuchen, teils aus Bio-Produkten. Tipp: Gleich mehrere Gerichte bestellen und teilen.
paseo de la castellana 40, telefon: 91 5765704, geöffnet: mo-do 13.00-0.00, fr 11.00-4.00, sa 13.00-1.00, so 15.00-23.00, preis: 6 €, u-bahn: rubén darío

(29) **Sergi Arola Gastro**, das neueste Restaurant des Sternekochs Sergi Arola, bietet gastronomische Highlights auf Sterneniveau. Dieses Restaurant gehört zu den teuersten der Stadt. Es gibt keine Speisekarte, sondern ein *menú de degustación* mit 14 (kleinen) Gerichten. Und man muss wirklich zugeben, dass die fantasiereichen Gerichte, die Sergi Arola auf den Tisch zaubert, ihren Preis wert sind.
c/ zurbano 31, www.sergiarola.es, telefon: 91 3102169, geöffnet: mo-fr 14.00-15.30 & 21.00-23.30, sa 21.00-23.30, preis: mittagsmenü ab 85 €, abendessen ab 120 €, u-bahn: alonso martínez

(31) Die **Plaza de Olavide** ist bei den Madrilenen (Jung und Alt) beliebt. Es gibt an diesem Platz gleich mehrere Straßencafés, in denen Sie ein Bier trinken, eine preisgünstige Tortilla mit Salat essen oder sich ein paar Tapas teilen können. Die Kinder aus der Nachbarschaft spielen auf den nahe gelegenen Spielplätzen und die Älteren sitzen auf den Bänken oder führen ihre Hunde spazieren. Touristen gibt es kaum.
plaza de olavide, preis: tortilla für 4 pers. 12 €, u-bahn: bilbao/quevedo

(35) An der **Calle de Ponzano** liegen zahlreiche Tapasbars. Diese Straße ist besonders bei schickeren, berufstätigen Madrilenen beliebt. Nach der Arbeit trifft man sich hier mit Kollegen und Freunden auf ein Bier und ein paar Tapas. Probieren Sie einmal im Beluga den Tomatensalat mit Meersalz und *ventresca de atún* (Bauchfleisch vom Thunfisch).
c/ de ponzano, telefon: 91 1444517, geöffnet: beluga täglich 12.00-16.00 & 19.00-2.00, preis: 10 €, u-bahn: ríos rosas

REAL CAFÉ BERNABÉU ⑩

(33) HDT LES COMPTOIRS

Shoppen

(8) China hat einen Teil von Spaniens Staatsschulden übernommen, als Gegenleistung können Chinesen in Spanien (und Spanier in China) zu guten Konditionen ein eigenes Geschäft eröffnen. Das hat natürlich seine Vor- und Nachteile. In den letzten Jahren hat sich das Straßenbild Madrids stark verändert: Überall schießen chinesische Geschäfte aus dem Boden. Aber das Geschäft **Ibero China** ist dennoch einen Besuch wert, denn es verkauft asiatische Zutaten für ein herrliches Abendessen.
c/ del general margallo 4, www.iberochina.com, telefon: 91 5797250, geöffnet: mo-sa 10.00-20.30, u-bahn: general margallo/tetuan

(11) Sind Sie auf der Suche nach einer Golfausrüstung, einem Stierkämpfer-Umhang oder einer goldenen Krawattennadel? Und sind Sie zufällig auch noch Fan des spanischen Fußballs? Dann sind Sie bei **Area Real Madrid** richtig. Hier findet man alles von den "Königlichen", was das Herz begehrt. Ein wahres Paradies für Fußballfans.
paseo de la castellana, neben turm d, telefon: 91 3984300, geöffnet: mo-sa 10.00-20.30, so 10.30-17.00, u-bahn: santiago bernabéu

(16) Wenn Sie Lust auf eine ausgiebige Shoppingtour haben, sollten Sie den Azca-Komplex zur **Calle Orense** hin überqueren. Hier liegen bekannte spanische Ladenketten wie Zara und Mango. An sich nicht so bemerkenswert, denn diese Ketten findet man auch bei uns überall, aber in Spanien ist die Kleidung etwa zwanzig Prozent billiger. Dann lohnt es sich auf einmal.
c/ orense, u-bahn: nuevos ministerios

(33) **HDT Les Comptoirs** ist zwar kein großes Geschäft, aber es werden über 150 Teesorten verkauft, unter anderem aus China, Japan, Indien und Taiwan. Es gibt aber auch alles, was man für eine echte Teezeremonie braucht. Sind Sie eher Kaffeetrinker, oder lieben Sie Schokolade? Auch dann sind Sie hier richtig. Es macht wirklich Spaß, zwischen den vielen Dosen herumzuschnuppern.
plaza de olavide 10, www.hdt-les-comptoirs.com, telefon: 91 4479427, geöffnet: mo 14.30-20.30, di-fr 11.30-15.00 & 17.00-20.30, sa 11.00-15.00 & 17.30-20.30, u-bahn: bilbao/quevedo

100 % there

(5) Der **Parque del Canal Isabel II** wurde über einem Wasserspeicher angelegt, der noch in Betrieb ist. Der Park ist eine willkommene grüne Abwechslung in diesem Stadtteil. Man kann hier unter einer Pergola relaxen, durch den Rosengarten schlendern oder sich das Wasserlabyrinth anschauen.
plaza castilla, geöffnet: täglich 1. sept.-30. juni 10.00-20.00, 1. juli-30. aug. 10.00-22.00, u-bahn: plaza castilla

(9) Das berühmte Stadion von Real Madrid, das **Estadio Santiago Bernabéu**, wurde 1947 gebaut. Das Heimstadion der "Königlichen" ist für Besucher geöffnet, aber an Heimspieltagen ist der Besuch eingeschränkt. Eintrittskarten für die Fußballspiele kann man an der Stadionkasse kaufen, unter der Telefonnummer 90 2324324 oder auf www.servicaixa.com bestellen.
paseo de la castellana, schalter 10, tor 7, www.realmadrid.com, telefon: 90 2291709, geöffnet: mo-sa 10.00-19.00, so 10.30-18.30, eintritt: 16 €, u-bahn: santiago bernabéu

(13) Wenn Sie das Gefühl haben, heute sei Ihr Glückstag, dann besuchen Sie das **Bingo Canoe**, Madrids größte Bingohalle. Das Durchschnittsalter ist zwar im oberen Bereich und für die Aussprache der Zahlen wäre ein Spanisch-Schnellkurs angebracht, doch interessant ist es allemal.
paseo de la castellana 93, telefon: 91 5550791, geöffnet: täglich 10.00-3.00, u-bahn: santiago bernabéu

(19) In diesem modernen Teil Madrids bilden die **Jardines Nuevos Ministerios** eine grüne Oase. Während die Beamten drinnen schuften, spazieren Sie entspannt durch den Garten.
paseo de la castellana 67, geöffnet: täglich herbst & winter 7.00-22.00, frühjahr & sommer 7.00-0.00, eintritt: frei, u-bahn: nuevos ministerios

(32) Im **Vino & Compañía** gibt es 800 verschiedene Weinsorten samt ausführlicher Erklärung. Spanischkenntnisse wären von Vorteil, aber auch ohne sollte man unbedingt den Wein probieren.
plaza de olavide 5, www.vinoycompania.blogspot.com, telefon: 91 4441278, geöffnet: mo-sa 11.00-15.00 & 17.00-21.00, u-bahn: bilbao/quevedo

JARDINES NUEVOS MINISTERIOS ⑲

㉞ Der **Parque de Santander** wurde über einem Speicherbecken gebaut. Man kann hier schöne Wanderungen machen und die Kleinen können sich auf dem Spielplatz austoben, doch der Schwerpunkt liegt auf Sport. Es gibt eine Joggingroute (nehmen Sie Ihre Laufschuhe mit), Tennisplätze, Plätze für Paddle-Tennis und eine Golfschule mit Golfschlägerverleih. Eine halbe Stunde inklusive Schläger kostet sieben Euro. Golf ist nichts für Sie? Versuchen Sie dann mal Paddle-Tennis, den spanischen Nationalsport. Dabei handelt es sich um eine aus Südamerika eingeführte Kombination aus Tennis und Squash. *avenida filipinas, ecke pablo iglesias, geöffnet: täglich 9.00-22.00, u-bahn: rios rosas*

Plaza Castilla, Nuevos Ministerios & Chamberí

SPAZIERGANG 6

Der Startpunkt dieses ausgiebigen Spaziergangs ist der U-Bahnhof Plaza Castilla. Hier kann man frühstücken (1) und moderne Architektur sowie Kunst (2) bewundern. Richtung Norden sind die Wolkenkratzer (3) zu sehen. In der Fundación Canal Isabel II (4) findet immer eine interessante Ausstellung statt, und im Park nebenan (5) kann man herrlich entspannen und picknicken. Danach geht es am belebten Paseo de Castellana entlang stadteinwärts. Legen Sie einen kurzen Halt ein bei einer berühmten Bar (6). Außerdem gibt es in der Nähe den besten Hamburger der Stadt (7). Biegen Sie an der Plaza de Cuzco in die C/ de Sor Angela de la Cruz ein, um asiatische Zutaten zu kaufen (8). Zurück am Paseo de la Castellana geht es weiter stadteinwärts. Kurz vor der Plaza de Lima gibt es zur Linken das Bernabéu-Stadion (9). Hier kann man den berühmten Rasen bewundern (10) oder auch shoppen gehen (11). Überqueren Sie den Platz Richtung Azca-Komplex (12) und Bingohalle (13). Links dahinter gibt es einige besondere Bauwerke zu bestaunen (14) (15) (17). Wer shoppen will, sollte den Azca-Komplex durchqueren und in die C/ Orense (16) einbiegen. Danach geht es zurück zum Paseo de la Castellana, weiter an der grünen Straße entlang und an Ministerien vorbei (18) (19). Überqueren Sie ein Stück weiter den Paseo, um das Naturkundemuseum (20) zu besuchen. Beiderseits der Plaza del Doctor Marañón befinden sich Restaurants (21) (22) (23) (24). Folgen Sie dem Paseo de la Castellana, um links und rechts der Straße weitere Museen zu besuchen (25) (26). Ein paar Schritte weiter, unter der Brücke, gibt es ein Freiluftmuseum (27) und ein nettes Lokal (28). Über die C/ de Jenner und C/ del General Arrando erreichen Sie ein Sternerestaurant (29). Biegen Sie hier rechts in die C/ de Sta Engracia ein Richtung Plaza de Chamberí, um einen alten U-Bahnhof (30) zu besuchen. Biegen Sie links in die C/ de Sta Feliciana ein Richtung Plaza de Olavide (31), um Wein (32) oder Tee zu kaufen (33). Weiter geht es stadtauswärts durch die C/ de Gen. Álvarez de Castro und C/ de Bravo Murillo in Richtung Parque de Santander (34), um Golf zu spielen. Verlassen Sie den Park über die C/ Ríos Rosas. Biegen Sie etwa halbwegs in die C/ de Modesto Lafuente ein, in der es einige Tapasbars gibt (35). Wer eher ans Abendessen denkt, hat es von hier nicht mehr weit zu den Restaurants auf halber Strecke des Spaziergangs.

Ⓝ Der **Parque Juan Carlos I**. liegt am Campo de las Naciones. Dieser riesige Park bietet alles für einen schönen Tag: eine Wiese, um Drachen steigen zu lassen, zahlreiche Spielplätze, einen Skulpturenpfad, einen Olivenhain, mehrere Seen und Picknicktische. Wenn Sie keine Lust haben, zu Fuß zu gehen, können Sie mit der kostenlosen Bahn durch den Park fahren oder sich – mit dem Personalausweis als Pfand – ein Fahrrad oder Tandem leihen. In dem Gebäude mit den roten Kugeln ist das Informationszentrum untergebracht.
campo de las naciones, www.parquejuancarlos.net, geöffnet: täglich juni-sept. 7.00-1.00, fr-sa bis 3.00, okt.-mai 7.00-23.00 fr-sa bis 0.00, eintritt: frei, u-bahn: campo de las naciones

Ⓞ Innerhalb des ummauerten Geländes einer ehemaligen Schule liegen die **Casa del Reloj** und der **Palacio Cristal de Arganzuela**. Erstere kann man an dem Turm mit der Uhr erkennen, hier gibt es auch einen kleinen Ausstellungsraum. Im "Kristallpalast" befindet sich ein über 8000 Quadratmeter großer exotischer Garten.
paseo de chopera 10-12, telefon: 91 5886137, geöffnet: mo-fr 10.00-14.00 & 16.00-18.00, sa-so 11.00-17.00, eintritt: frei, u-bahn: legazpi

Ⓟ Mit der Bahn fahren Sie etwa eine halbe Stunde zu den wunderschönen Städten **Toledo** und **Segovia**. Toledo war die erste Hauptstadt Spaniens. Mit ihren Plätzen und dem großen Tor, der Puerta de Bisagra, durch das man die Stadt betritt, vermittelt diese Stadt ein gutes Bild vom echten Spanien. Auch ein Besuch von Segovia ist absolut lohnenswert. Diese geschichtsträchtige Stadt mit ihrem spektakulären Aquädukt und den sehr sehenswerten Jardines del Alcázar ist ein perfektes Ausflugsziel.
www.renfe.com, preis: hin und zurück 20 €, bahnhof atocha (richtung toledo), bahnhof chamartín (richtung segovia)

Ausgehen

Über Madrids Nachtleben könnte man ein ganzes Buch schreiben: Es gibt unzählige Bars und Diskotheken. Manche Diskotheken sind nur am Wochenende geöffnet, in anderen kann man die ganze Woche über bis in die frühen Morgenstunden abtanzen. Der Freitag- und Samstagabend beginnt meistens mit einer Runde Tapas. Danach macht man eine Tour durch verschiedene *bares de copas* (Kneipe oder Bar mit Tanzfläche) und landet schließlich weit nach Mitternacht in einer Diskothek.

Natürlich gibt es auch jede Menge Kinos in Madrid. Viele davon liegen an und nahe der Gran Vía. In einigen werden Filme in Originalsprache mit spanischen Untertiteln gezeigt, aber in den meisten Kinos sind die Filme synchronisiert. Um sich über das Veranstaltungsangebot genauer zu informieren, können Sie an fast jedem Kiosk für 1 Euro den *Guía del Ocio* kaufen. Darin finden Sie das Kinoprogramm, Adressen von (Flamenco-)Bars, Restaurants und Clubs. Dieses wöchentliche Magazin erscheint nur auf Spanisch. Achten Sie beim Kinoprogramm auf den Vermerk VO (versión original) für Filme in Originalfassung. Den *Guía del Ocio* gibt es auch im Internet: www.guiadelocio.com.

Im Folgenden sind ein paar Cafés und Clubs aufgeführt. Die entsprechenden Buchstaben sind auf der Übersichtskarte vorn im Cityguide eingezeichnet.

ⓐ Das **Joy Eslava** ist die bekannteste Diskothek der Stadt. Wenn Sie nach einer Kneipentour noch Energie und Geld übrig haben und Ihr Budget es zulässt, bietet sich das Joy an. Hier herrscht immer noch die Atmosphäre des Theaters, das es früher einmal war, auch wenn heute aktuelle Hits aufgelegt werden.
c/ arenal 11, www.joy-eslava.com, telefon: 91 3663733, geöffnet: so-do 23.30-5.00, fr-sa 23.30-6.00, eintritt: 12 €, fr-sa 15 € inkl drink, u-bahn: sol

Ⓡ Jazzfans sollten auf jeden Fall den modernen Jazzclub **El Junco** besuchen. Hier finden Konzerte und Jamsessions statt, und täglich legen DJs Funk- und Jazzmusik auf.

plaza santa bárbara 10, www.eljunco.com, telefon: 91 3192081, geöffnet: täglich 23.00-6.00, eintritt: je nach programm, u-bahn: alonso martínez

Ⓢ **Fortuny** ist ein schöner Club für schöne Menschen. Er ist in einem Stadtpalast untergebracht und stilvoll mit Sesseln und Kronleuchtern eingerichtet. Wer hier feiern will, sollte sich unbedingt fein anziehen und auf keinen Fall in Turnschuhen ankommen. Die Türsteher sind nämlich unerbittlich.
c/ fortuny 31, www.jardinfortuny.net, telefon: 91 3129651, geöffnet: täglich 21.00-5.00, preis: drink 12 €, u-bahn: rubén darío

Ⓣ Die Diskothek **Moma 56** erinnert mit der roten Einrichtung aus den 1960er-Jahren an einen Club in New York oder London, aber die Musik ist wesentlich kommerzieller. Hier können Sie in aller Ruhe in einer der zahlreichen Sitzecken chillen. Die Getränke sind nicht gerade billig, ab 10 Euro für einen Cocktail und 6 Euro für Erfrischungsgetränke, was den gut gekleideten Besuchern aber nicht viel auszumachen scheint.
c/ josé abascal 56, www.moma56.com, telefon: 91 3952059, geöffnet: do-sa 0.00-6.00, eintritt: 10 € inkl drink, u-bahn: gregorio marañón

Ⓤ Wer das Nachtleben liebt, ist bei **69 Pétalos** richtig, denn hier ist immer viel los. Auf der Tanzfläche wird ordentlich abgetanzt, aber man kann auch mit einem Drink in der Hand den geschniegelten Entertainern zusehen. Musiker, Dragqueens und Tänzerinnen führen eine spektakuläre Show auf.
avenida de alberto alcocer 32, www.grupo69petalos.com, telefon: 91 1569444, geöffnet: do 0.00-5.00, fr-sa 0.00-6.00, eintritt: 16 € inkl drink, u-bahn: colombia

Ⓥ **Sala Sol** ist ein leicht alternativer Club, in dem man fast jeden Abend zu funkigen Grooves tanzen kann. Wenn Sie keine Lust haben, Schlange zu stehen, sollten Sie vor 1.00 Uhr drinnen sein. Die vielen Konzerte sind im Programm des Clubs aufgelistet.
c/ jardines 3, www.elsolmad.com, telefon: 91 5326490, geöffnet: di-sa 0.00-5.00, eintritt: je nach programm, u-bahn: gran vía

Ⓦ La Calle de los Cócteles (Cocktailstraße) wird die **Calle de la Reina** im Volksmund genannt, und das ist nicht übertrieben, denn hier gibt es allerlei Cocktailbars, zum Beispiel Klassiker wie Del Diego (Hausnummer 12) oder El Cock (Nummer 16), den kleinen, gemütlichen Susanclub (Nummer 23) oder (ebenfalls Nummer 16) The Gin Club, wo man auch essen kann.
c/ de la reina, geöffnet: täglich 20.00-3.00, u-bahn: gran vía

ⓧ Nach einem herrlichen Essen und ein paar Drinks in einem der schönsten Viertel Madrids kann man im **Berlin Cabaret** noch bis in die Puppen feiern. In diesem Club ist immer tolle Stimmung, und es gibt Bauchtanzdarbietungen, Flamenco-Shows oder Dragqueen-Spektakel. Wenn Sie nicht ewig Schlange stehen möchten, sollten Sie vor 1.00 Uhr hier sein.
costanilla san pedro 11, www.berlincabaret.com, telefon: 91 3662034, geöffnet: mo-do 23.00-5.00, fr-sa 23.00-6.00, eintritt: 10 € inkl drink , u-bahn: la latina

Alphabetischer Index

Thematischer Index

hotels

sehenswürdigkeiten

shoppen

veranstaltungen

transport

100%
HAMBURG
Auf 6 Spaziergängen 100% Hamburg erleben.
100%
ISTANBUL
Auf 6 Spaziergängen 100% Istanbul erleben.
100%
MAILAND
100%
MARRAKESCH
Auf 3 Spaziergängen 100% Marrakesch erleben.
100%
MÜNCHEN
Auf 6 Spaziergängen 100% München erleben.
100%
VALENCIA
Auf 3 Spaziergängen 100% Valencia erleben.
AUSGEHEN - SHOPPEN - ÜBERNACHTEN
SEHENSWÜRDIGKEITEN - MUSEEN - RESTAURANTS
100%
MÜNCHEN
Auf 6 Spaziergängen 100% München erleben.
GUIDE+
APP

Dieser 100% Cityguide wurde mit größter Sorgfalt zusammengestellt. Mo Media GmbH ist nicht verantwortlich für eventuelle inhaltliche Fehler. Anmerkungen und/oder Kommentare können unter *www.100travel.de* mitgeteilt oder an die unten stehende Adresse gerichtet werden.

mo media gmbh, betr. 100 % madrid,
steinstraße 15, 10119 berlin,
e-mail info@momedia.com

autor	marloes vaessen
koautoren	tessa groot, brigitte skrzypczak
fotografie	hans zeegers, steffie phlippen, s. 106 lucas diaz, cover getty images, hauke dressler
übersetzung	steffi ullrich/sonja von kocemba (für bookwerk)
lektorat/redaktion	tom seidel/ulrike grafberger (für bookwerk)
schlussredaktion	anke höhne (für bookwerk)
konzeptgestaltung	studio 100%
gestaltung & lithografie	mastercolors mediafactory, hilden design, münchen
kartografie	van oort redactie en kartografie

100 % madrid isbn 978-39-4350-227-5